张横秋拳经校释

孙厚岭 校释

人民体育出版社

图书在版编目（CIP）数据

张横秋拳经校释 / 孙厚岭校释. -- 北京：人民体育出版社, 2025. -- ISBN 978-7-5009-6501-5

Ⅰ．G852

中国国家版本馆CIP数据核字第2024F5Z195号

*

人民体育出版社出版发行
天津中印联印务有限公司印刷
新 华 书 店 经 销

*

710×1000　16开本　11.75印张　202千字
2025年3月第1版　2025年3月第1次印刷
印数：1—2,000册

*

ISBN 978-7-5009-6501-5
定价：51.00元

社址：北京市东城区体育馆路8号（天坛公园东门）
电话：67151482（发行部）　　　邮编：100061
传真：67151483　　　　　　　　邮购：67118491
网址：www.psphpress.com

（购买本社图书，如遇有缺损页可与邮购部联系）

拳經拳法備要二卷

丙子孟秋 蟫隱廬印行

原书影之一

拳經序

拳經拳法備要各一卷傳鈔本其法為少林宗派據其題名則張孔昭撰曹煥斗注按其內容則孔昭之法煥斗述之非孔昭原著也自柬書之注解概列本文於前而附注其下以為區別此書則本文注解概無界限其拳法備要不署張名圖又為曹所補似全為曹作然拳經中雙管秘法後附張先生原歌訣似可見拳經亦非張氏原文也凡技術由師傳授而弟子記錄者往往有之曹與張顧年代不相及故其序中言讀張氏之書揣摩而得竊疑張氏後衷象至乾隆時

自序

我的家乡沛县，是全国著名的武术之乡，也是汉高祖刘邦的故里，这里民风剽悍，习武练武之风盛行。

笔者受这种风尚的浸润，又长期从事文史研究工作，故对古典武术文献有一种特别的偏爱。孔子曰："有文事必有武备。"余自知非练武之才，然有"纸上谈兵"之好。早在20世纪80年代，我便从上海古籍出版社影印出版的《四库全书》中，找到了唐顺之的《武编·拳》和戚继光的《纪效新书·拳经捷要》，反复研读；还在武术杂志上陆续读到了片断的黄百家《内家拳法》和张孔昭的《拳经·拳法备要》，深感中国传统武学的博大精深，浩如渊海，很是佩服古人在武学方面的造诣；同时也感到由于年代的阻隔、语义的变迁和武术术语的差异，这些武术典籍很难被诠解。要读懂它们，不仅要有一定的古汉语功力，还要有一定的传统武术基础。

最初读到《拳经·拳法备要》的文字，是孙国中先生发表在《武林》上的一段，后有顾留馨《太极拳术》的附注，但总以难窥全豹为憾。1990年5月，淘得一本《少林寺资料集续编》，其中收有《拳经·拳法备要》，高兴之余，反复研读。有些一得之见，便随手写在书眉和夹缝中。有些不能理解的，则不免满腹狐疑，不知原书是否如此。不久见到了孙国中先生整理的《少林正宗拳经》，令人欣慰的是此书附有原书的影印全文。几番研读，又有不少收获。继之又见到一些其他版本的《拳经·拳法备要》。以上诸书，均对原书进行了标点和断句，颇便于阅读。但没有释义，对原书的窜脱衍夺和错讹字也很少勘正，从对古典武术文献的整理角度来说，还有大量的工作要做。

基于以上情形，笔者便产生了对这部古典拳经进行校勘整理的想法。但要把这个想法付诸行动，也不是轻而易举的事情。

其一，要从总体上对该书进行整体把握，对该文献的结集者、成书过程、版本、内容、结构、流传及其在武术史上的地位等，进行一番梳理。这需要对已有结论进行再认识和再审视。

其二，要进行细致的校勘。正如罗振常所说，此类书"强半非出通人"，且在传抄过程中，讹夺窜脱的字句甚多。造成这种现象的原因，一是原撰者用了大量的借代字、自造字、当时的俗体字和简化字。二是由于古人得到一本秘谱不容易，在传抄时，为求快速抄付，或是一人读一人抄，或折开数人分抄，从而造成音同字不同、错字、白字等种种错误。三是草书字形的相近，造成的讹误更多。四是罗氏校刊、过录时亦遗有不少的错误，尤其是在标点方面。五是今人整理时所造成的新误。如蝉隐庐本《拳经·拳法备要》，原有句读，但点错的地方极多，今人不辨，多是依样画葫芦。

其三，是对原书中的文史掌故、明清武术术语和拳法内涵，要进行必要的注解和诠释，以便今人研读。尤其是对武术术语和拳法的诠释，似乎更难些。

要将以上几个方面都做得妥贴，须有古汉语方面的功力，更需要武术的专业知识，而这些都是校释者当时不完全具备的，唯有以勤补拙而已。

本校释对于总体的把握，主要见于正文前的考证；对错讹字的刊正、注文，则见于页下所加的校注；拳理阐述，则置于正文之下。原书所附图式混乱，许多无具体的着法，本校释除进行了重排外，尽量作了补释。本校释共校出原书错讹字词，二百余处。

武术文献的整理，是为武术爱好者提供一个便于阅读的本子。因此在校释方面，一反古籍整理中将原讹误照原文录出，将勘正的文字作为页注或尾注标出，而是将勘正后的"原文"作为正文录出，而将原文中的讹误出校于页下。这可使一般喜爱传统武术的读者，不必要再去看页注，只读正文便可，从而省去不少上下对照置换的工夫。

真诚地感谢人民体育出版社的孔令良老师，在他的倾力帮助下，这本书才得以出版。孔老师审稿殚精竭思，提出许多独到中肯的修订意见。这种"红烛"精神，令人高山仰止！

由于本人才疏学浅，在校释过程中，虽作了多方面的努力，错谬之处，定然还有不少，敬请方家指正！

校释凡例

一、本校释以《拳经·拳法备要》为底本。这是目前所见张氏拳谱中记录理论和功法最完备的本子。虽经三昧整理和曹注，仍冠以"横秋"之名，溯其源也。"备要"为原《拳经》一部分，今降为一级子目处理，仍以《拳经》称之，归其本也。

二、古文献校勘，率先列出原文，而将勘正文字另行出校。本校释反之，列出的是已勘正过的正文，原文中窜脱讹误之处，则在校注中标出。对一般读者和武术文献的古为今用来说，此种处理明显优于前者；而于校勘，则殊途同归。

三、《拳经·拳法备要》是罗振常所写印，其藏书、校书处称"蟫隐庐"，故学者多称其为"蟫隐庐本"；又因曹焕斗为其作注，故也称"曹注本"。该书目前尚无完整的校勘本，无从对校，故以自校为主，个别地方参校其他抄本。主要校正错讹字或对理解原文有歧义之处，义通字异者则略之。

四、参校书目有：国技学社《玄机秘授穴道拳诀》，简称"三昧本"或"国技本"；台湾逸文出版社影印的《汪凤京先生传铁闩式》，简称汪本；1933年方玉泉抄本《在东氏自注吴先生拳经心法》，简称方玉泉本；良轮撰《张横秋秘授跌打抓拿法》（即《张氏短打拳》），简称良轮本；歙南晚生胡义俊撰抄《耍拳随笔录》，简称胡本；富川吴越郡钱正顺抄本《新安绩邑张横秋秘授跌打抓拿》，简称富川本。其他现代拳学著作则另行标出。

五、校释目录及正文，依原影印本正文格式重新排定。一般情况下，原书中凡首行缩进两格者为一级子目，首行缩进三格者或为二级子目或为三级子目，酌情而定。

六、原书所附各图式较为混乱，今将与正文无直接关联者，依习拳规律和以类相从的原则，由简到繁，由易到难，予以重排，俾使明晰。

七、本校释在一级子目下设"题解"一项，以便对该子目及所含二级子目或释义，或总体概说，或申述要义等。

八、本校释"校注"文字，以"脚注"形式置于每页之下，以校勘正文中之窜、脱、讹、衍、错、白、通假等字句，并对古典武术术语、历史掌故及部分引文，予以诠释。

九、正文下设"译文"一项，散文体以直译为主，歌诀以意译为主，以便于阅读和对武术文献的古为今用。

十、"译文"下根据需要，增加"诠释"或"按语"，以解析古拳术的奥义，或申述校释者校勘的依据及一得之见。

十一、古文献的标点分段，似易实难，它是古代文献整理的基础。凡点破句、分错段者，即是对古文献没有正确理解所致。原影印本旧有句读，多有误处；今人不辨，依此标点，复以讹传讹，本校释悉为更正。

十二、末附"古文献辑录"，以广见闻、资谈助。

目录

张氏拳略说 / 1

    张氏拳的由来及相关人物考证 / 1

    张氏拳经的结集、增补及其抄本系统 / 9

    张氏拳的技击风格和特点 / 12

    三昧本与曹注本之比较 / 14

    张氏拳内外家属性探讨 / 15

张横秋拳经 / 19

    罗振常拳经序 / 19

    注张孔昭先生拳经序 / 20

张横秋拳经校释 / 22

    问答歌诀二十款（悉尽其中之秘） / 24

    周身秘诀十二项 / 32

    下盘细密秘诀 / 37

    少林寺短打身法统宗拳谱 / 44

    场中切要 / 50

总论入身煞手迅猛精微秘要 /64

论八面肩头 /67

张横秋先生传授习练身法秘要 /73

口传练打诸法 /77

论闪法（即虚步也） /78

迷拳 /83

醉八仙歌 /94

死手解救 /102

拳法备要 /104

交盘口诀 /108

张横秋拳经图式 /115

通怀步法 /117

之字步法 /119

玄字步法 /120

三角步法 /122

梅花五步法 /123

呆架式 /126

站步式 /128

玄机和尚步式 /129

左肩出势式 /130

单披式 /131

已出插掌式 /133

勒马步插掌式 /134

垂肩式 /135

猴拳护胸式 /136

提步铁门式 /137

铁闩大法　/138

戏珠大法　/140

压顶大法　/141

抱蟾大法　/142

闭阴大法　/144

扫阴大法　/145

蹁跶式醉步　/146

葫芦式　/147

八仙醉步图式　/148

腾挪偏闪式　/150

铁拐李颠桩式　/151

破打边盘式　/152

中盘式此破法　/153

走外盘式　/154

步法之图　/155

走盘太极八步全图　/156

张李盘步　/158

附：古文献辑录　/162

《绵张叙》佚名　/162

《拳经·总序》张鸣鹗（横秋）　/163

《授受原因叙》张鸣鹗（横秋）　/165

《张氏拳略说》胡道生　/166

《身法宗旨》程良轮　/167

《中国武艺图籍考·拳经一卷》唐豪　/172

《中国武艺图籍考·拳经拳法备要各一卷》唐豪　/173

张氏拳略说

张氏拳，指明末清初安徽绩溪人张鸣鹗（横秋）所传下来的拳法。它最初可能继承了历史上著名的"绵张短打"，中间经家族四代相传，再经陈松泉、张鸣鹗而发展到鼎盛。至张三昧、曹焕斗时，又羼入了一些少林的成分。此后枝分派衍，蔚为大观，直至清末民国初，尚有它的踪迹可寻。根据目前的资料，自张横秋以后，此系拳主要在安徽南部的徽州人中间传承，在浙江富阳、四川南充、江苏苏州一带也有传习。中原和北方在此基础上则衍化出了一些新的著名的拳种。清朝嘉道以后，张氏拳几近衰微。直到民国初期，上海国技学社和浙江上虞罗振常，相继出版了两本关于张氏拳的清抄本，才使这一古老的名拳得以重光。

张氏拳的由来及相关人物考证

关于此拳的由来、传承脉络和相关人物，自上海国技学社出版《玄机秘授穴道拳诀》、罗振常蟫隐庐以清乾隆年间曹焕斗注《拳经·拳法备要》印行以来，可谓众说纷纭，莫衷一是。

唐豪先生在《中国武艺图籍考·拳经一卷》[①]中说：

> 考此书内容及序，自"玄机和尚身法图"至"挽拜手"，似为明末陈松泉所传，张鸣鹗所编。"挽拜手"以下似为康熙初横秋张孔昭或其门弟子所作。鸣鹗原书，杂有题语两则，一在"管脚法"之首，一在"心传六拿"之前，题者三昧，其人似为鸣鹗及门弟子。

[①] 与《玄机秘授穴道拳诀》内容大致相同，或即其底本。

予尝取蝉隐庐近出《拳经·拳法备要》考之，曹焕斗称其家自横秋相传，已百余岁。查焕斗编《拳经》时，为乾隆四十九年，上溯百余岁，最早当在康熙初叶……

由此观之，其传授序次，应自玄机而松泉，松泉而鸣鹗，鸣鹗而三昧，三昧而横秋……鸣鹗与松泉俱当是明末时人，其书之撰，亦当在其时。

唐豪先生认为，《拳经》内容是陈松泉所传，张鸣鹗所编，后为张孔昭或其门弟子所增补，时间在明末至清康熙间，自然是对的，但只能说是歪打正着，从本质上讲是错误的。之所以如此说，是因为他认为此拳的传授顺序为玄机、陈松泉、张鸣鹗、三昧、张横秋（孔昭）。没有厘清这些人物名、字、号及相互之间的关系，以至把张鸣鹗与张横秋、三昧与张孔昭，分别当作独立的两个人。把三昧置于横秋之前，更是颠倒了父子关系！

笔者对国技学社《玄机秘授穴道拳诀》、良轮撰《张横秋秘授跌打抓拿法》（即坊间流传的《张氏短打拳》）、台湾逸文武术文化有限公司出版的《袖里金不换》（应为《家传秘诀》）、《汪凤京先生传铁闩式》、歙南晚生胡义俊撰抄《耍弄拳随笔录》、富川吴越郡钱正顺抄本《新安绩邑张横秋秘授跌打抓拿》等清抄本进行了详细的梳理比对，初步厘清了张氏拳传承脉络及相关人物之关系。

这里首先要揭出的是：张鸣鹗即张横秋，张三昧即张孔昭，张鸣鹗（横秋）是张三昧（孔昭）之父！

关于张鸣鹗就是张横秋的想法，2009年4月，笔者曾对一位研究武术的朋友说过，"'鸣鹗'才能'横秋'，'孔昭'是无法与'横秋'对应的。这是从古人名与字的相关性角度考虑的。"

古人多是有名有字的，有的还有号，还有以斋名、官职、地望为别称的。如李白字太白，杜甫字子美，秦观字少游等。名与字不是孤立的，而是互相补充的。关羽字云长，云长是说其为"云中之长"，这与"羽"在意义上是互为关联的。至于"鸣鹗"，自然是与"横秋"相关联，其义为"飞鸣的鹗，纵横在秋天的高空"，而与"孔昭"是不对应的。清康熙时有著名大臣王鸿绪，字季友，号横云，于此类似。此为证据之一。

此外，古人同辈之间、晚辈对长辈，不能称名，只能称字，这是对他人、长辈的尊重；而长辈称晚辈只称名而不称字，这是长者为尊；自称或署名，则只可称名而不能称字，这是自谦。因此，张氏早期弟子所传拳经中的"总序"，因是张鸣鹗（横秋）自撰，所以署名为"张鸣鹗"；而正文中的题目、内容，是弟子所结集，所以只称为"张横秋"。此为证据之二。

在早期抄本中，如富川本、胡义俊本、良轮本，从不见有"张三昧""张孔昭"名字。这是因为他们的拳法是张横秋所传，而当张横秋病逝时，张三昧（孔昭）尚幼。此为证据之三。

因此，张鸣鹗与张横秋是指的同一个人，鸣鹗其名，横秋其字。张横秋与张孔昭不是一人，张三昧更不是张横秋之师。

同理，张三昧与张孔昭也是如此。"昧"的本义是"天色将明未明"。"孔"之义为"大"，"昭"之义为"昭著、光明"，故名与字之间是互为接续、互为补充的。"昧"过渡到"昭"，有《周易·晋》卦之义，即"火出地上"。明末有大臣叫方孔昭，是名士方以智之父，字潜夫，"昭"与"潜"相对应，与此同理。三昧是"三昧真火"的缩略语，本是道教术语，释家亦用之，代表对某一类"精义"的心领神会。三昧也是神魔小说《西游记》所常用语。明清间神魔小说流行，三昧之名或许受此影响。

再者，国技本《玄机秘授穴道拳诀》之底本，是由张三昧结集，所以在几处小序下署名"三昧识""后学三昧识"。另一明显的证据是，这一系所传的本子，包括曹注本，从不见早期抄本中的"张鸣鹗"之名，而多为"张孔昭"之称。

因此，张三昧与张孔昭是指的一个人，三昧其名，孔昭其字。张横秋与张孔昭不是一个人。

那么，张鸣鹗（横秋）与张三昧（孔昭）是什么关系呢？

清光绪抄本《袖里金不换》有一长序，记载了该拳的传承顺序。其中玄机和尚以前的传承事涉诡异，自属杜撰，其下内容，虽有真有假，但具有一定的史料价值：

……福建少林寺玄机和尚出焉……所以陈澄泉先师由此受业，少负侠气，重携金资，遂游海内，遍访名家，描写摹成，以授张鸣鹗。鸣鹗先师（原注：已撰有序）而授张孔昭、曹贡斗二位先师……据云张氏与曹氏系姨表之亲，张属大乔，家资巨富。此时亦有土棍欺凌，欲学拳而不就，或学技而弗成，喜得鸣鹗先师，遂游徽地，知遇敦请至绩北，即小乔曹氏家中。传授有年，二人俱悉详细。曹家拳南北驰名。张氏返里，重复加工，更察其妙，尤有仙授八仙拳之说……

于是张孔昭先师自励，考究功深。诞子甚晚，唯传于歙南之溪南吴氏亦政。永诀之际，嘱政复告伊子三昧。当此时也，三昧尚幼，……三昧长成，就来亦政跟前受业……

此书结集者，为光绪元年（1875年）歙县人张大呈。其在序中，将张鸣鹗误认为张孔昭之师，又将张孔昭误认为张横秋。这可能是因年代久远，传闻有误，又受了张三昧结集本和曹焕斗注本的误导所致。至于说到陈澄（松）泉传张鸣鹗（张横秋），吴亦政传张三昧；张横秋（序中误作张孔昭）与曹贡斗是乔兄弟关系；张三昧是张横秋（亦误作张孔昭）之子，则是可信的。

另外，此处陈澄泉，其他抄本均作陈松泉，当以陈松泉为是。

张氏拳中不见高腿和跳跃等大开大合的动作，其腿法也多作管脚用，这与嵩山少林寺拳法有明显的区别，与福建、广东一带的南拳硬桥、硬马差别也较大，其不属于南拳不言而喻。然其风格比较接近今四川南充的松溪拳和浙江的南兵拳。南充松溪拳与黄百家所述之松溪拳不相侔，虽名松溪实非松溪，当系张氏拳一脉。浙江南兵拳源于戚继光的拳经三十二势，与张氏拳有相通处，但其区别也是显而易见的。根据张氏拳经内容，可以确认为是"短打拳"。这都需要做较为系统的研究，才能理出头绪。因此，少林玄机和尚传拳于陈松泉、少林与张氏拳之关系，大可存疑。

下面再对张鸣鹗（横秋）其上、其下相关人物做些考证，以便从整体上把握张氏拳的传承脉络。歙南晚生胡义俊撰抄《耍拳随笔录》中有一段"绵张叙"，是这样记述的：

寿州之阳有八仙公山，一僧遇，类禅，坐茅庵下，不知其何许人也。少有见其饮食，人皆异之。时有泗州张公名滚（让）者，居此采樵为活，见僧叩问其故。及问饮食，曰："无"。公辄供之，因此相识。日久，僧曰："蒙汝饭我，恩亦多矣。我袖里有黄金不换，授汝。其事则跌打抓拿，变化无穷。汝能习之纯熟，则可艺高海宇。"公如斯教，尽得其能。后往山东贩棉，路逢劫贼，用艺制之。贼人跪告，请留姓名，公曰："吾乃寿州居民贩棉张滚（让）是也。"贼人抱头叩。是误传公名为棉张耳。后受官。归林，传其道与住，住传宾，宾传松，松传吾师。历经数世，代不乏人，可谓名家。为叙其源耳。昔公云："吾乃寿春一武官，历代传留为师范。俗人号我是棉张,其实袖里金不换。"盖言僧为异人,非凡士也。吾师亦题云:"吾祖号棉张,存留产寿阳。艺传金不换,拳法世无双。"吉(古)歙济阳。

富川吴越郡钱正顺抄本《新安绩邑张横秋秘授跌打抓拿》中也有此"叙",与上基本相同。

从上述文字,可知历史上著名的"绵张短打"拳的由来,以及绵张的姓名、籍贯。另外,富川本、胡义俊本、良轮本,均属三昧以前的张氏拳经早期结集本,有诸多相同之处,主要内容应是张鸣鹗(横秋)所传。笔者据此认为,这篇"绵张叙"是张鸣鹗(横秋)所撰而保留在上两抄本中。从"松(富川本作"朴")传吾师"一句推测,此"吾"当是张鸣鹗(横秋),"师"当指陈松(澄)泉。

从良轮本等一些抄本推测,绵张生活的年代大约在明弘正年间。

"古歙济阳",当是指撰抄者胡义俊自署其家乡所在,即今江西省婺源县江湾镇济溪村。济阳指济溪之北。秦汉至唐开元间,婺源一直属歙县,北宋末属徽州府,1949年5月划归江西。然明清人多喜沿用旧称,以显示其居住地的古老,在家谱中最为常见。

关于玄机和尚,在张鸣鹗原序、张氏拳早期抄本如良轮本、胡义俊本、富川本中,均没有涉及此人。到了张横秋之子张三昧整理《拳经》(即今国技本底本)时,才首次出现了"少林寺玄机和尚传授身法图"和"玄机和尚步式图"两图,但在正文中并没有"少林"或"玄机"的字样。然而此两图在胡义俊本中早已有之,仅标有"身法图"和"走盘步式",并未有"少林玄机"的名号。到了曹焕斗注《拳经·拳法备要》时,不仅沿袭了此两图,并在正文中出现了标为少林的内容。

通过对上述传承人的考证,我们知道,张三昧学于吴亦政;而曹焕斗《拳经·拳法备要》的底本,经与三昧本比照,又来源于张三昧。因此可以说,少林名号的增加,应该在乾隆中晚期。最初可能是张三昧,踵事增华者是曹焕斗。他们这样做是想借少林扩大本拳的影响。因此,我们说:玄机未必有其人,即有其人也与张氏拳没有关系。

陈松泉的情况今难以确知。张鸣鹗(横秋)序称他"少负侠气,重携金资,遨游海内,遍访名家,描摹神巧而成"之高超拳术。他可能是绵张第四代人张松(朴)的传人,并在"遨游海内"期间学到了绵张拳,而又传于张横秋。他可能是安徽寿州一带人，生活的年代，在明万历中期到崇祯年间，可能清初尚在。

关于张鸣鹗（横秋），他是安徽绩溪人。据《袖里金不换》中记载，他"家资巨富"，与曹贡斗一起向陈松泉习拳，学拳的地点是在曹氏家中。他与曹是乔兄弟，他的妻子为长，曹的妻子为小。传授有年，张氏返回故里，又进行苦练和体悟，再加上广泛的游历，拳法已臻于化境。

良轮本有"授受原因序"一节，应是张鸣鹗（横秋）所撰，其中叙述其学拳及授拳经过：

……乃奋然而兴，锐然而往，专心从拳，盖有日矣。而所以成此术者，虽予之癖性好武，亦家先人钟爱以致之也。吾十有五而志于拳，三十而立，未尝私传一人，人亦不识予之能拳……庚辰秋，糊口于歙南锦庭之里，有长者荣佩兄与其侄泰如者，颇亦好武……因命其子侄辈，从予学焉。三年有成……

其中所说"十有五而志于拳，三十而立"，对考证张横秋生平有重要价值。良轮结集《张横秋秘授跌打抓拿法》的时间为乾隆十八年癸酉（1753年），再结合其"身法宗旨"相关记述，则上文所说的"庚辰"，当为明崇祯十三年（1640年）。可能就是这一年，张鸣鹗授拳与吴亦政（泰如）。

良轮本还记载了张横秋的如下情形。其在"拳技统宗·百法锦囊"中说：

我徽郡绩溪庠士张横秋先生，拳法神奇，为宇内名家。体三角、梅花步法，化为左右"之""玄"，推究精奇，成一定之理。绘图着诀，启千古未发之秘……

维其机（迹）之南雄……于是率吾友洪氏丰城、杨氏震修，执弟子礼，共从学焉。乃于金阊门分设主馆舍，敬侍三月……缘以先生南旋，吾辈以渐星散……

光阴荏苒，忽忽旋延十载。辛未（康熙三十年，1691年）阳春，利遘娄东之南门。明年秋七月，复蒙先生摘玄指奥……然余尝读张氏《拳经》，其采言透彻，字字为奇，一法一用，莫不备悉详言，而示人之方技矣。

……虚延岁月，递更八载，嗣于壬戌（按：壬戌为乾隆七年，1742年，与"递更八载"相差悬远，故当为壬午之误。壬午为康熙四十一年，

1702年，其间十年）季夏，闻有我郡徽邑胡道生者，素以拳名，颇得张氏秘奥。适过吴门，余闻之喜，即偕三同志过访……因叩其身步之旨，遂以张氏"之""玄"步法授余……真不愧吾内家秘技也。

惜吾师归泉之速，未获尽其精微，良可浩叹也……

从上述引文可以推知，张横秋原是一位读书人，因家富而被土棍欺凌，他才去习拳的。学成后"不没其师之善，不私其师之美"，广授弟子。他已入庠但未补廪。从"余业儒也""糊口于歙南之锦庭里"看，他可能以教蒙馆为生，授拳只是他的业余，并不以此为生计。他经常到江南的苏州、太仓一带，这里是徽州人做生意较集中的地区之一。良轮大约是在康熙二十年（1681年）跟张学拳的。

曹焕斗说张横秋曾到过其族"高伯祖"做县令的山西"壶关县"。故张横秋可能短期入过曹氏幕，也可能是短期留居，帮助曹氏处理些县务。有研究者据"曹氏宗谱"说，曹的这位"高伯祖"名叫曹有光，字晖吉，明天启二年（1622年）生，康熙三年甲辰（1664年）举进士。康熙四十七年戊子（1708年）卒，寿八十六岁。笔者以为，此曹有光、字晖吉者，可能就是张的乔弟、也是同门师弟曹贡（拱）斗，拱斗为其另一字或号。张横秋的年龄，应长于这位"小乔"之夫的曹氏。

张横秋生前曾"录拳经数百首，并附诸器械百法""绘图着诀"，编定过《拳经》，时间当在康熙三年甲辰（1664年）或稍后。其所编《拳经》主要分为两部分，一是以基础理论和步法、身法、手法为主，是从陈松泉继承来的；二是以具体的技击势法为主，其中有陈氏所传，也可能有他自己的体悟和新创。后来他的儿子三昧，对这部《拳经》第一部分进行了重新整理，这就是今国技本《玄机秘授穴道拳诀》的底本。曹焕斗在三昧本基础上又进行了加注和补图，《拳经·拳法备要》当是其传本之一。其第二部分是具体技击势法，基本上保留在良轮本、富川本、胡义俊本中。国技本"狮子搬桩"至"挽拜手"四则亦是。当然所附"诸器械百法"也可看作一部分，但今已不传。

综上所述，可知张鸣鹗（横秋）学拳于陈松泉，他可能继承了绵张短打拳法，再加上自己的苦心钻研和体悟，故其拳法高妙，已臻化境。他经历过明末农民大起义和明清鼎革，这与他在"总序"中所说"身当兵乱之世"相符。

唐豪先生根据曹焕斗序，推定张横秋生于康熙初叶，这可能有误。他大约生于明万历三十八年庚戌（1610年）或稍前；去世的时间，大约是在康熙三十二年壬申（1693年）或稍后，寿八十多岁。此说是根据其弟子良轮的相关记述推定的；另外，做过壶关县令的曹有光的生卒年，也是一个可靠的参照。

三昧的具体情况，已见上引《袖里金不换》。他的年龄小于吴亦政，也小于他家的三位杰出弟子。此三人就是国技本中提到的艺五、景陶、我弘；曹焕斗注本作程子景陶、胡子我弘、张子仲略。张横秋去世时，三昧尚幼，便托孤于其徒吴亦政。待三昧长大，又向吴亦政学得其父传留的拳法。三昧可能生于康熙二十年至三十年间，卒年不详。他生前重新编定过其父所留拳经，且亦继承父志，习拳并授拳。他所依据的原本，也可能经过吴亦政的润色。

吴亦政，可能就是良轮本"授受原因序"中所说的"（吴）泰如"。此名字的取义，源自"政治清明、人民乐业"则"泰阶平"的星象学说。张横秋向他传授拳法的时间，上文曾提及，可能是在崇祯十三年庚辰（1640年）。张横秋逝世后，他曾因北岸村（今绩溪县北岸镇）吴氏本家的延请，做过吴号的镖客有年，并在北岸设馆授徒，同时传授张三昧拳法。

此外胡子我弘，可能就是胡义俊，也即胡道生。义俊为名，我弘为字，道生为号。今传抄本《耍拳随笔录》，可能就是他所结集。

程子景陶，可能就是良轮，良轮为名，景陶为字。这名字源于制陶工艺，良是优良，轮是陶车，景是景仰，陶是制作陶瓷器。他可能生于顺治末或康熙初年，至乾隆十八年尚在，寿约八十岁。他于康熙二十年辛酉（1681年）初从张横秋习拳，康熙三十年辛未（1691年）再从张横秋习拳（"旋延十载"），康熙四十一年壬午（1702年）又从师兄胡道生习拳。乾隆十八年癸酉（1753年）编成《张横秋秘授跌打抓拿法》。从他自署"天都后学"看，他也应是安徽歙县一带人。他曾在江苏苏州、太仓一带经过商，应是以经商为业。

张横秋的弟子还有张仲略、洪丰城、杨震修等。张仲略的情况不详。洪丰城、杨震修曾在苏州、太仓一带经商。他们大多生活在清康乾年间。

曹焕斗也是安徽歙县人，少年时习科举业，连个秀才也没考上。出门求进取，又因数次病困而归，于是专心习拳。后漫游江淮两浙荆楚间，没有遇到过敌手。他在清乾隆四十九年甲辰（1784年）整理注释过张三昧编定的拳经。以此时间节点推断，他生活的年代，当在乾隆初年至嘉庆中期。

综上所述，张氏拳应是由绵张拳发展而来。绵张拳创始人姓张名让（滚），得异人授拳术，四传至裔孙张松，松传陈松泉；松泉传张鸣鹗（横秋）；横秋传胡我弘、程景陶、张仲略、吴亦政等；亦政传张横秋子张三昧（孔昭）。曹焕斗乃张横秋逝去多年后的"私淑"弟子。少林和尚玄机，是从张三昧开始才附加上去的，在此之前，与张氏拳无关。

张氏拳经的结集、增补及其抄本系统

了解了张氏拳的由来和相关人物，就为我们研究张氏《拳经》的结集和补辑提供了方便。古代拳谱和旧时的地方志、家谱一样，是在前人的基础上逐步累积而成的，即它基本上是按时间先后接续的。

目前的《拳经》抄本，包括由抄本印刷的印本，基本可分两大系统。一是民国十六年（1927年），上海国技学社根据海陵度我氏所藏《拳经》一卷石印的《玄机秘授穴道拳诀》，简称国技本，也即三昧本。属于此系统派生的有民国二十五年（1936年）蟫隐庐根据光绪二十六年（1900年）王某手录影印的《拳经·拳法备要二卷》，简称曹注本、蟫隐庐本；以及台湾逸文出版社影印的《汪凤京先生传铁闩式》、民国二十二年（1933年）方玉泉抄本《在东氏自注吴先生拳经心法》等。二是坊间流传的歙南晚生胡义俊撰抄的《耍拳随笔录》、富川吴越郡钱正顺抄本《新安绩邑张横秋秘授跌打抓拿》，及良轮本《张横秋秘授跌打抓拿法》（即《张氏短打拳》）[①]等。后三个抄本互有详略，相关内容大同小异，结集年代也大体相近。只是良轮本"拳技统宗·百法锦囊"部分，可能是良轮所增益，其他二本基本上是对旧拳谱的抄录。其他还有不少抄本，基本不出这两个系统。

那么，在张鸣鹗（横秋）之前的绵张、陈松泉，是否结集过拳谱，今已不得而知。但富川本中有一些五七言四句的简短歌诀及一些拳势名称，或是陈所传。

从目前所见资料可知，第一次结集《拳经》的是张鸣鹗（横秋）。这从"张鸣鹗先生总序"可知：

余业儒也，而僻性好武，从拳操技，盖有日矣。……缘录拳经数百首，并附诸器械百法，编成一帙。虽出于分袂之时一夜之俚言，实我师松泉陈翁，少负侠气，重携金资，遂游海内，遍访名家，描摹神巧而成者也。

[①] 现在坊间流传的所谓京东何松雪校的《张氏短打拳》，及与其内容、字迹完全相同的《张横秋秘授跌打抓拿法》，无疑是二十世纪八九十年代以来文物古籍收藏热背景下的产品，但其原始稿本，则可断定为张氏《拳经》体系的一种古抄本，是今人所仿不来的。此即"良轮本"。

良轮本在"身法宗旨"中说：

> 张横秋先生，拳法神奇，为宇内名家。体三角、梅花步法，化为左右"之""玄"，推究精奇，成一定之理。绘图着诀，启千古未发之秘。

> 余尝读张氏《拳经》，其采言透彻，字字为奇，莫不备悉详言，而示人以方技矣。

此拳经的结集时间，当在康熙三年甲辰（1664年）以后。这是从曹焕斗说他得到了"（张孔昭）从予族高伯祖在壶关县任中所撰《拳经》"一句推定的。虽然他把张三昧（孔昭）误作张横秋，但张横秋在此时结集《拳经》一事，应是可信的。

张鸣鹗（横秋）所撰《拳经》的原貌，今已不能确知，但其主要内容被其弟子及后人传承下来，却是可以肯定的。

在现存的《拳经》抄本中，有些内容可以大致认为是张横秋所传。如各种抄本中的"问答歌诀（二十款）"、《拳法备要》所载歌诀、曹注本"下盘细秘秘诀"所附"张先生原歌诀"、多本中所保存的大部分图式等。也可以说今国技本中的主要部分，大体可以认为是其所传。良轮本中的"百法锦囊"之前部分、胡义俊本中的前半部分，也应是张横秋所传。

比对各种抄本可知，国技本、曹注本以基础的拳理和练功方法为主。良轮本、胡义俊本、吴越郡钱氏抄本中的"内死手三十六""外死手三十六""八仙玄化"，以及许多具体的跌法、打法、抓法、拿法、破法等，大都是以技击方法为主。

此外张横秋所传拳法，除继承和自创的内容外，还有不少是从当时的其他名拳中吸收过来的，如多个抄本中的"乐（罗）家短打""猴拳"等。

张横秋所传拳诀，基本上是以词牌、曲牌的形式所表述的，以《西江月》为最多。在富川本、良轮本第二部分中，尚有一些五七言的歌诀，其中有些应是陈松泉所传。陈松泉所传拳诀多古简，张横秋所传多详明。他们一位是北方人，一位是南方人，遣词造句、语言风格也不一样。

从上述可知，陈松泉所传、张横秋所结集《拳经》，目前还没见到有完整的原稿本传世，其最初的原貌，今也难以确知。需要说明的是，在张横秋之后，《拳经》也不是一劳永逸、一成不变的，其后多有改动、增益和分合。在三昧本之前的本子，以胡本、富川本为早，良轮本较为晚出。

张横秋以下，张氏拳法脉分为三，一是以三昧本为起点的系统，为注重基本功法、基本理论的一脉。曹焕斗补注的《拳经·拳法备要》，即是在三昧结集的张氏《拳经》基础上进行的，自然也属于此一系统。二是以良轮本为首的注重打法、技法的一脉，胡本、富川本属之，但均早于良轮本。三是以张氏拳理、拳法为基础，进行再创造，从而创出新的拳派的一脉。这已是脱胎换骨的新拳了，但张氏拳精髓仍在。目前国内有几大名拳，是从张横秋拳法演化而来。这三脉的武术文献，目前保留得都较完整，基本上没有掺杂其他拳种。

上面说过，张横秋之后，对张氏《拳经》做结集整理者，还有其子三昧，这就是上海国技学社的底本；其次是良轮本、胡义俊本、吴越郡富川本等。三昧所结集者，经过曹氏的补注，流传较广，有多种抄本传世。其他结集者，也有不同的抄本传世。

国技本的原稿本，应是三昧所整理。唐豪先生在《中国武艺图籍考·拳经一卷》中说："鸣鹗原书，杂有题语两则，一在管脚法之首，一在心传六拿之前，题者三昧。"这向我们揭示了"三昧题"这一重大信息。余曾查阅国技本《拳经》，只在"管脚法"之下见有"后学三昧识"的题语，"心传六拿"处无之。但可以肯定的是，国技本与唐先生所藏抄本是出于同一个原稿本。此题识足以证明整理者为三昧。

曹注本《拳经·拳法备要》，是在三昧本基础上进行的补注。曹注序曾言："年十八，得孔昭先生从予族高伯祖在壶关县任中所撰《拳经》。"这里他把张横秋和张孔昭父子误认为一人。其实这《拳经》是横秋子三昧（孔昭）所结集整理出的本子，而非张横秋原本。

基于此，他在注《拳经》的过程中，多有改动。如本书"下盘细密秘诀"前有一小序，应是三昧原序（非曹氏所撰）。其中有"吾家自张先生相传至今"一句，此"吾家"是三昧自称，"张先生"则是曹氏所补加；其下所附的四首歌诀，题上并增有"张先生"字样，而国技本仅作"原歌诀"。此外，曹氏注本正文前的张三昧原序，也有篡改的痕迹，读者只要将国技本与曹注本进行比对，自不难看出。民国以来的研究者，多把张鸣鹗误为张横秋之师，从而将一人分为两人；又把张横秋与张孔昭混为一人，混淆了父子关系，这都是被曹注本误导所致。

目前三昧本最可信、最完备的本子，就是国技本《玄机秘授穴道拳诀》。这自然也不是原书的名字，而是经过了民国人的改窜。另有唐豪先生曾收藏的

《拳经》一卷本。据顾留馨先生讲，唐藏本后存于国家体委，目前是否尚存，不得而知。

既然曹焕斗是在三昧本的基础上进行的补注，那么只要将两个本子比对一下，可知三昧本（国技本）和曹注本（蟫隐庐本）内容基本相同，其所补注的内容也可一目了然。曹注本在标题、正文下每有小字加注，或单行或双行。这在"下盘细密秘诀"和"八面肩头"两处最为集中，读者可以参看。此外，在以曹注本为原本传留下来的抄本中，有《汪凤京先生传铁闩式》和《在东氏自注吴先生拳经心法》。前一本中也有小字注文，后一本中不仅有小字注文，多处还标明"在东氏自注"，均可作为曹氏在三昧本基础上所加补注的明证。

曹本"拳法备要"中有多幅身法图，这在早期的胡本多有，可知这些图大部分都是张横秋传下来的，而非均为曹氏所绘。然最后的三幅"破打三盘"图，应是曹所补绘。至于图上的注文，有些原来就有，有些应是曹氏补加。在《耍拳随笔录》和《汪凤京先生传铁闩式》中，这些图式大多都有，而且比曹注本更丰富。其多数图上都有相应的七言歌诀以述其用法，而曹注本却无。

上面所提到的《袖里金不换》，多是一些对练招法和简略的拳谱，虽属张氏拳系统，却是习拳人便于记忆的摘录，年代也最为晚出，此处就不讨论了。

总之，在张横秋所撰《拳经》之后，可述、可记者有良轮的增辑和曹焕斗的补注。良轮所增，对理解张氏拳"通怀步""之字步""玄字步""梅花五步""坐马开弓""披揭"等法，有莫大的裨益，还有一些运气之法，不可因其晚出而忽略之。曹注有助于多角度理解张氏拳法的理论和用法，亦不可偏废。

张氏拳的技击风格和特点

在上两节中，曾间接涉及张氏拳的部分内容。为了便于读者正确理解张氏拳，此处有必要单独论述。

三昧本（国技本）《拳经》的主要内容，应是张鸣鹗（横秋）所传。它以基本理论和基本功法为主，这些基本理论和基本功法，是练好张氏拳的基础，如"之字步""玄字步""梅花步""管脚秘法""用肩法""练身法"等。特别是以图式表现的大量的"势法"，更是临场较技时"接手"的不二法门。武术界有"宁给一锭金，不教一口春"的说法。只要做到了融会贯通，这部分拳经则"触处成春"。至于"二十问答歌""拳法备要",更是句句金箴!

曹注本中也有一些实用性较强的短打手,如"六节迷拳"和"死手解救"。

第二部分是技击性较强的短打套路,一般以三五个动作组成,这在今天多称为"手"或"小手",其中以"内外七十二死手"为主。还有以十几个动作组成的小型套路,如"五套双破打一连发""张拍板三样妙手里外两盘一齐发"等。特别是出神入化的"张家八仙拳",更是将拳术发挥到了极致。其中"八仙歌"是八仙拳技法和风格的总括,其具体用法的解析则体现在接下来的"八仙玄化"中。以上这些绝妙的拳法,大多保存在良轮本《张横秋秘授跌打抓拿法》内。

再者,在富川本的后半部分,有良轮本所没有的许多精华,如"六节拳""里攻六路""破里攻六路""宋江三十六势"等,这些拳法由于文字过于简略,不易理解,但确比良轮本所述拳法别开生面。"六节拳"是六个短打套路,风格凌厉,势势相连,手脚并用,内外互换,确是拳法中的上乘。"宋江三十六势",是张氏拳精华的大荟萃,许多古代拳法都在这里有所体现,刚柔相济,虚实相换,如环无端,如珠贯穿,左右转接,腾挪偏闪,上下起伏,躲影蹁跹,确有"百折连腰尽无骨,一撒通身皆是手"的神妙。此外,还有良轮本所没有的丰富的擒拿、反擒拿拳法。以上这些是其优于良轮本的地方。

张氏拳中,还吸收了当时比较著名的一些拳派、拳法,如"乐(罗)家短打""猴拳"。"乐家短打"共五节,实际是五个短手组合,每个组合有三四手,短小精悍,颇具实用性,其与"七十二死手"风格相近。这些吸收来的拳法,经过了张横秋的改进和再创造,使之更适于临场实战,也是张氏拳的重要组成部分。

拳经文字,有散文体,但更多的是以七言律绝体或《西江月》词牌表述的。用词准确,生动传神,便于记忆。

良轮的补撰、曹焕斗的加注,对张氏拳可谓锦上添花。良轮所撰,集中在良轮本"拳技统宗·百法锦囊"部分。这些内容,对我们了解张氏拳史,理解"通怀步""之字步""玄字步""梅花五步""醉步"的操练方法,都大有裨益。尤其是"万法统宗"一节,对"蹁跹""躲影""披揭"的诠释,都是练习武术者所必须细心理解和认真体悟的。

曹焕斗的补注也不应忽视。其在注序中说:

年十八得……拳经,如获异宝,日夕研求,至练打十则之法,志一神凝，苦心思索……此后乃专心习艺，漫游江淮两浙荆楚间，阅人甚多，所遇劲敌不能悉数，幸无败衄。今退隐于家……因诸同志欲广其传，不容自秘，爰就平生所得，将《拳经》详为解释，并图各像式以虚待实之法，使人一目了然，便于练习。

曹氏所整理的这部《拳经》，无疑很便于后人学习。从曹注本流行较广的情况可以看出，他对张氏拳是作出了较大贡献的。

张氏拳在清朝康雍乾三代较为盛行，嘉道后则渐趋衰微。庚子事变后，因外族入侵，社会动荡，此拳稍有复兴。至民国时期，安徽南部犹有习此拳者。唐豪先生说："歙县方梦樵云，鸣鹖之法，其乡里今尚流行。"歙县方氏，是张横秋拳法的主要传承者之一。

有清一代，许多武术先贤以张氏拳的步法、身法、拳法为切入点，结合戚继光《拳经三十二势》，创立了许多新的拳术流派，丰富了中国的传统武术并流传至今，这些在张氏拳基础上产生的新拳术，是张氏拳的再生，也是更高层次上的继承和发扬。

三昧本与曹注本之比较

由于本校释是以三昧本派生的曹注本《拳经·拳法备要》为底本，所以将这两个本子再做些比较，并就民国以来的印行情形稍作梳理。

三昧本《拳经》，即今天见到的国技本《玄机秘授穴道拳诀》一书，是经过手民上石的"石印本"，而不是海陵度我氏原藏抄本的影印，中间进行了增删重排，这从它混乱的封面书名、正文前书名、书口名、所附"伤科秘方"都可以看出来。蟫隐庐的曹注本也不是"王某手抄本"的原貌，它是经过了罗振常等人的润色、重抄后再影印的。因此两书均非手抄本的原貌。即便是海陵度我氏本和王某的原手抄本，也不是三昧和曹氏的原始稿本，其间经过多少次转抄，产生了多少讹错，今已无法说清。

顾留馨先生曾言："蟫隐庐影印本《拳经·拳法备要》一书，上海国技学社于1927年石印的称为《玄机秘授穴道拳诀》一书，唐豪也收藏有旧抄本，余早年曾向唐借抄录付。余取三本合观，虽互有详略，实同出一本。"从目前所存两本《拳经》对看，其确属同源无疑，但在内容上"互有详略"，正文中的小标题也不尽相同。其原因，一是三昧本可能并非一种，二是曹加了补注。

试取两本仔细比照，有许多不同之处。

一是三昧本多了"卷下"的"金疮跌打接骨秘本"。从所署辑校人姓名看，如"郑芝龙"等，显系后人伪加。曹注本则无此内容。

二是曹注本比三昧本多了"拳法备要"的内容，其他内容与三昧本基本相同，甚至连错讹的地方都一样，只是字句稍异。这说明三昧本《拳经》的内容有佚。早于此的良轮本反而有"拳法备要"的内容，与曹注本无异，这说明"拳法备要"早已有之，本就是拳经的一部分，而不是罗振常所说的是曹焕斗所撰。

三是曹注本没有三昧本的"张鸣鹗先生总序""呆架""呆披""狮子撇椿（搬桩）"至"挽拜手"四则。从文字上分析，三昧本似乎更早些。这可能是曹氏所据以作注者，只是三昧本之一种。两本的图式、图注也不相同，这可能是曹氏进行了重绘、补绘，又添加了注文。

这里需要阐明的是：曹氏所注的《拳经》并没分卷，很可能是王某在抄录时为了携带和装订的方便，或是为了抄录的快捷由两人或多人同抄，便在其易于分剖处，将原为一体的《拳经》抄作了两本。罗氏得此两册，便误以为是"各一卷"，于是合而印行。

张氏拳内外家属性探讨

自民国以来，许多武术史家、武术理论家、高校研究机构，都把张氏拳归属为少林宗派，这种说法有待考量。要想确定张氏拳是否属于少林一系，须从拳术内外家之说的产生谈起。

最早提出拳术内外家之说者，是明末清初的著名学者黄宗羲及其子黄百家。黄宗羲在《王征南墓志铭》写道：

> 少林以拳勇名天下，然主于搏人，人亦得而乘之。有所谓内家者，以静制动，犯者应手即仆，故别少林为内家，盖起于宋之张三丰。

《宁波府志·张松溪传》、黄百家的《内家拳法》躔其说。我们只要查阅考证一下早于黄氏父子的武术文献，便知在此之前，武术是没有内外家之分的。唐顺之的《武编·拳》、戚继光的《纪效新书·拳经捷要篇》、何良臣的《阵纪》，都没有拳术内外家之说。倘在黄氏父子之前拳术就已分为内外家，在以上这些著作中，一定会提及。这是重要的证据。

《王征南墓志铭》的写作年代，不会早于清康熙八年（1669年），此时距清兵入关（1644年）已过去26年，清人已统治全国的大部分地区，但汉族地区的反满抗争并没有终止。黄氏父子是著名的明遗民，其不与清统治者合作是显而易见的。但在清初残酷的文字狱笼罩下，他们也只能像大多数前朝遗民一样，以隐晦的方式进行反抗。这就是撰写《王征南墓志铭》和《内家拳法》的时代背景。

我国自古有华夷之辨的思想。到了明末清初，由于外族入侵并统治中原，这种思想达到了巅峰。黄宗羲借助这种思潮提出了拳术的内外家之说，是这种思想在新的历史时期的反映。

少林拳据说是天竺达摩初创于少林寺，这并不符实，但民间对此深信不疑。中原以外的民族，如"夷""狄""胡""蛮"，在中国古代被统称为"外夷"，那么由西域胡人达摩所创的少林拳自然便被称为"外家拳"了。而据传以中国传统宗教的道教理论、武当山丹士张三丰所创的武当拳，自然被称为"内家拳"了。这正如满人与汉人相对应。黄氏父子论内家拳优于外家拳，自是暗喻汉人优于满人。所以黄宗羲拳术内外家的提出，也即尊武当抑少林，是寄托着强烈的尊华攘夷的民族情绪的。

华夷之辨是历史的产物，历史发展到今天，我国成了一个多民族的国家，各民族都对中华文明作出过巨大的贡献，都应是平等的、共荣的。任何民族歧视，都是错误的，不可取的。但我们不能苛求古人。

黄氏拳术内外家之分提出后，似乎在民间并没有产生较大的反响，从今天所能见到的清中期以前的古拳谱看，自称为内家拳者难得一见。到了清末民初，随着"驱除鞑虏，恢复中华"口号的提出，这种内外家之争便有愈演愈烈之势，但它早已失去了尊华攘夷的含义，而是产生了门派高低的偏见。从黄百家所述内家拳法看，它与今天的太极、形意、八卦掌等内家拳术，自是风马牛不相及。今天的内家拳，是新时代的内家拳，它融入了大量的中国古代太极、五行、八卦等阴阳学说，并将运气学说捧到了近乎玄学的程度。

纵观张氏拳为少林拳者，均是以国技本、蝉隐庐本为依据。这两种张氏拳法文献，属于张氏拳基本理论和基本技法的一系。在这两个本子中，的确有多处标有"少林"的字样。在国技学社的三昧本"铁闩大法"一图右侧，标有"少林寺和尚传授身法图"的字。在曹注的蟫隐庐本中，除此图外还有"玄机和尚步式图"一幅。在文字部分，又有二首歌诀，即"少林寺短打统宗拳谱"和"少林寺短打推盘步法"。然而这些内容，在较早的张鸣鹗《总序》、良轮本、富川本、胡义俊本中都是没有的，它们应是三昧本之后才逐步增入的。

即便是这两个本子，用今天的眼光看，也有许多核心内容应属于"内家拳"者。

步法是拳术重要的基础功法之一，也是某一拳派区别于另一拳派的关键所在。在张氏拳中，"之"字步、"玄"字和"梅花五步"是主要步法。从"之"字步、"玄"字步所附线图和轨迹看，应是由象形字概括而来的；但不要忘了，这两个字出自《老子》第一章的"玄之又玄，众妙之门"。其与道家的渊源，自是不言而喻。"梅花五步"，既有五行生克的意蕴，也有太极之义。曹注本图注曰："梅花五步，乃有太极之义，循环无端。"这无疑属于内家心法。不仅如此，在这两个抄本中，其"下盘细密秘诀""八面肩头""习练身法秘要""八仙歌诀""身法操持""用力"等，也都是内家的内容。即便是在"少林寺短打推盘步法"中，也多是内家拳的术语和着法，而不见少林宗法。

在另一系以技击方法为主的张氏拳文献中，不仅没有一点少林宗法的影子，相反，张氏弟子却是自称为"内家"的。良轮初从张横秋习拳，张殁后又向张的另一弟子胡道生继学。

> （胡）遂以张氏"之""玄"步法授余。指出横直运用之方，反复蹁跹之妙。分门定户，有条有理；进攻退守，绰绰有余。散之则一法通于万用，不须别生枝节；合之则万殊同归一理，成为一定之规。妙在千变一用，学者瞭然可宗，真不愧吾内家秘授也。

其实无须过多征引，只要仔细阅读张氏《拳经》，味其运气之法是何属性，自可一目了然。以今天的眼光看，它的核心体系和技法，具有更多的内家短打拳的意蕴。

这就像内家拳由"张三丰学于少林从而翻之"，不可再称作少林拳一样，张氏拳即便借鉴了少林拳的某些基本势法，但在后来的发展中，融入了中国的老子学说和太极理论，从而创造出新的拳派，故也不可笼统地将其归属为少林宗法。笔者认为，三昧本以后之所以标以"少林寺"之名，有借少林以自重之嫌。从各种抄本综合来看，玄机和尚身份存疑，即使有此人，也与张三昧之前的张氏拳法无关。

实际上，张氏拳既不是少林拳，也不是内家拳，它就是"张氏拳"。

张横秋拳经

罗振常拳经序

《拳经》《拳法备要》各一卷,传抄本,其法为少林宗法。据其题名,则张孔昭[①]撰,曹焕斗[②]注[③]。按其内容,则孔昭之法,焕斗述之,非孔昭原著也。自来书之注解,概列本文于前,而附注其下,以为区别。此书则本文、注解初无界限,其《拳法备要》不署张名,图又为曹所补,似全为曹作。然《拳经》中"双管秘法"后附"张先生原歌诀",可见《拳经》亦非张氏原文也。

凡技术,由师传授而弟子记录者,往往有之。曹与张,顾年代不相及,故其序中言读张氏之书揣摩而得。窃疑[④]张氏徒众,至乾隆时犹有存者,曹实再传而得其法,不然仅据原书,固不能为此发明也(所谓"梦二老人传授",当是伪言)。康熙时武术盛行,其后寝衰[⑤]。此书末有"光绪廿六年王某手录"一行,是年为庚子,适当拳乱[⑥],故有闻风兴起,而假旧本重录者。其实,此为真正拳法,与拳匪之邪术不同也。少林棍法有明刊本,坊间已印行,拳法流传颇罕,故为校印。原抄本不免讹字,且排类不整,字句时参俚俗,歌诀平仄不协

[①] "张孔昭",名三昧,字孔昭,安徽绩溪人,明清间武术家张鸣鹗(横秋)之子。生于康熙二十年至三十年间,卒年不详,生前曾重新编定过其父所遗《拳经》。民国年间上海国技学社出版之《玄机秘授穴道拳诀》,是其抄本之一。

[②] "曹焕斗",字在东,安徽绩溪人。观其《注张孔昭先生拳经序》末署"乾隆四十九年",可知生活在乾隆初至嘉庆中期,武术家。曾对三昧本《拳经》作注,并补绘多幅图式,注文中许多是他对《拳经》的体悟和自己游历校艺的心得。今蝉隐庐本《拳经·拳法备要》,可看作是他所注《拳经》的原貌。

[③] 题名为"张孔昭述",称"撰"者乃曹序。罗氏此处有误。

[④] "窃疑",私下里感到怀疑。

[⑤] "寝衰",逐渐衰落。

[⑥] "拳乱",指1900年的义和团运动。义和团以拳勇相号召,故又称"义和拳"。

者多。盖武术及术数①两类之书，强半非出通人，行文例多繁冗。今粗加润色，俾其明顺，至关系拳法字面，均仍其旧，固一字不为更动也。

罗振常②记

注张孔昭先生拳经序

拳法者，卫身御辱之善术也，其原始于少林。吾邑张孔昭先生，曾遇异人传授，其术独臻神妙。其时从学者甚众，而得其真传者，惟程子③景陶、胡子我弘④、张子仲略三人而已。嗣后支分派衍，渐失其真，间有能者崛起，名震一时，大都皆筋努骨突，任气用力，而于先生运气⑤之法、变化从心之妙，概未之闻也。盖先生拳法，藏神在眉间一线，运气在腰囊一条，发如美人之采花，收如文士之藏笔，诸葛君⑥之纶巾羽扇，羊叔子之缓带轻裘⑦，差可仿佛，岂有圭⑧角可寻哉！

余⑨兄弟四人，余行列第三。伯兄珩瑃⑩，字佩玉，处凌弱暴寡之乡，常

---

① 术数书：指占卜、择吉、星相、堪舆之类的书。
② "罗振常"，字子经，号邈园，浙江人，近代学者。曾从事教育事业，后设蟫隐庐以藏书、校书、印书，精校勘，印有《邈园丛书》誊印版。《拳经·拳法备要》即收入该丛书中。其兄罗振玉，是我国近代著名学者。
③ "子"，古人对他人的敬称，类似于现代称"先生"。"子"后的"景陶""我江""仲略"，当为三人之字。
④ "我弘"，原作"我江"，"下盘细密秘诀"前"序文"作"我弘"。当以"弘"字为是。
⑤ "气"，原作"用"，据"运气在腰囊一线"及上下文义改。
⑥ "诸葛君"，三国时蜀相诸葛亮。常头戴纶巾，手挥羽扇，风流潇洒，指挥若定。
⑦ 羊祜：西晋时为大将军。守荆州时，常披轻裘，曳长带。后人视其为魏晋风度的楷模。
⑧ "圭"，古代的测日工具，尖首方形。
⑨ "余"，古人自谦之称。
⑩ "珩瑃"，原文作"衍春"，有些整理本作"衍者"，均误，盖形近所致。"衍"当作"珩"；"春"当作"瑃"。考"珩"，为古玉组珮之主件，其形似璜，两端有孔，以悬挂玉环、玉冲牙等。"瑃"是一种玉器名。古人名、字互为补充，然"衍春""衍者"均不能与"珮玉"相关联。

恐受辱，甚好武技，家严①不之禁，更为博请高明教之。时余年十三，从塾师读书，每日馆归，随之练习。年十八，得孔昭先生从余族高伯祖在壶关县任中所撰《拳经》②，藏之馆中，如获异宝，日夕研求。至练打十则之法，志一神凝，苦心思索，忽梦有二老人为余指授。自后数梦之，觉身益软、手益活，心悟练气之妙。及年廿八，因屡应童试③不售，遂出门求进取，数次皆病困而归。此后乃专心习艺，漫游江淮两浙荆楚间，阅人甚多，所遇劲敌不能悉数，幸无败衄。

今退隐于家，追思既往，尚觉暴气未除，深自韬晦。诸同志欲广其传，不容自秘，爰就平日所得，将《拳经》详为解释，并图各像式以虚待宾④之法，使人一目了然，便于练习。然用法之妙，全凭内力，非言语所能尽，必如病偻丈人之承蜩⑤，如养由基之射虱⑥，用志不纷，乃凝于神，始有得心应手之能，更无筋努骨突之弊。于以上追孔昭先生之真传，其庶几乎？不揣固陋，谨序其端⑦。

时乾隆四十九年⑧岁在甲辰阳月中浣⑨之吉曹焕斗在东识

---

① "家严"，古人对他人称自己父亲的敬称和谦称。
②此处将张三昧（孔昭）误作了张鸣鹗（横秋），将三昧《拳经》误作了张横秋《拳经》。去山西壶关县曹氏任上的是张横秋，不是张孔昭。辨见《张氏拳略说》。
③ "童试"，旧时科举时代最低一级考试，考中者称秀才。一般秀才称"庠生"，补入县学读书者称"廪生"。不售：没有考中。
④ "以虚待宾"，"虚其位以待宾客入"，即设套诱敌。
⑤ "病偻丈人"，驼背老人；"承蜩"，以胶粘蝉。事见《庄子》。
⑥ "养由基"，古之善射者，事见《战国策》。然射虱者非养由基，乃古代另一善射者纪昌，见《列子·汤问》。此殆曹氏记忆有误。有人改"虱"为"石"，然"射石"为汉李广事，亦非。
⑦ "端"，原为"耑"，乃"端"字脱误。
⑧ "乾隆四十九年"，1784年。
⑨ "阳月"，农历十月。古称农历十月为小阳春。"中浣"，中旬。

张横秋拳经校释

横秋张孔昭述①

在东曹焕斗注

    拳法之由来，本于少林寺②，自宋太祖③学于其中，而名遂传天下。其后温家④有七十二行拳⑤、三十六合锁⑥、二十四气探马⑦、八闪番⑧，有十二短打⑨，吕红有八下之刚，山东⑩有李半天之腿、鹰爪王之拿、张伯敬⑪之打，此皆名传海内，各得其妙者也。然或有上而无下，或有下而无上，惟⑫能取胜于人，未可概为全美。

    至于张鸣鹗⑬者，生平极好武艺，于是挟重资，游海⑭内，遍访名家。或

---

①此处把张横秋与张孔昭误为一人，横秋为孔昭之父。辨见前。

②"少林寺"，在今河南少室山北麓五乳峰下。

③"宋太祖"，即赵匡胤（927—976年），宋王朝的建立者，河北涿州人。传说他创有"三十二势长拳"。宋太祖学拳于少林，于史无考。殆元明间人，因其未帝时英勇善战，故多于戏曲小说中附会之。

④"温家"，一说指温姓，一说指浙江温州一带。据唐顺之《武编·拳》的记述，似以后说较确。

⑤"行拳"，指风格如行云流水，节节贯穿，势势相承，身步较少停顿的一类拳术，主要用于临场较艺。行拳也称"行着"，类似于今天的长拳。

⑥"合锁"，指肩、肘、手、胯、膝、足、臀、身相互配合，以锁闭敌人的一类擒拿拳法。

⑦"探马"，一种以复式着法组合而成的拳术势架。探马势有多种，据说为宋太祖赵匡胤所传。

⑧"闪番"，以斜闪、偏闪、踹跎、颠狂、躲影等步法闪避敌人，然后翻身击敌的一类拳法。与今河北流行的翻子拳不尽相同。番，也写作翻、反。

⑨"短打"，指势架紧凑，节短势险，贴身近战为主的一类拳法。

⑩"山东"，指太行山以东地区，与今天所说的山东省有别。

⑪"张伯敬"，原作"张敬伯"。据戚继光《纪效新书·拳经捷要篇》、汪本改。

⑫"惟"，只是，不过。

⑬"张鸣鹗"，此处把陈松泉误作了张鸣鹗，当是曹氏误改。陈松泉，张鸣鹗（横秋）之师，当是安徽寿州人，生卒年不详。大约生活在明万历中期到崇祯年间，清初尚在。著名武术家，可能是绵张拳第四代张松（朴）的传人。

⑭"海"，夏商周以京畿为中心向外划分的地理区划之一。海内为王朝能够控制的地区，海外则鞭长莫及。后来海内多指朝廷版图内的区域，其与今天所说的海内、海外意义有别。

慕其下盘之善，而效其下焉；羡其上架之美，而学其上焉。兼而习之，久而化焉，遂独成其一家，真所谓善之善者也。爰编成一帙①，以启后学，百法皆备。有志其业者，务以意会，法以神传，必当竭尽其②力，须宜实致其功，粗事细磨，断不可用努筋突骨之功，而致百身之病。舒筋舒脉之谓何？而猥知卤莽，是彰乎智③。此则临敌应变，无不可以取胜于人，所谓千金不可换也。宝之慎之，无视以为戏玩也。

【题解】拳，始为动词，其本义是将手指攥起，成捶状。盖古人将搏，必先攥拳以聚力，或搏时惧手指被折，拳起以为备。此后，遂衍为名词，而有拳头之意。原意则被"蜷""踡"所代，本意反不显。然以拳相搏必恃智功，引而申之，复有"拳术""拳法"等说。经，本意是编织物上的纵线，与横布之纬线并称经纬。经主纬辅，无经不成织。故"经"遂引申为一切事物的准则与必须遵循的规律。拳经，拳术之准则、纲领、规律、要诀之义也。

【译文】拳法源于少林寺。自宋太祖赵匡胤在少林寺学艺后，南征北战，创立大宋王朝，少林寺的名声遂传遍天下。之后，浙江温州一带有七十二行拳、三十六合锁、二十四气探马、八闪番，又有十二短打、以及吕红"八下"之刚猛的拳法。太行山以东地区有李半天的腿法、鹰爪王的拿法、张伯敬的打法，这些都是名扬海内、各有其独到之处的拳种和流派。但这些拳法，或者偏重于上肢的手法，而忽略了下肢的腿法；或者偏重于下肢的腿法，而忽略了上肢的手法。只不过在较技时多能取胜罢了，但还不能说已经做到尽善尽美。

至于说到张鸣鹗这个人，其生平极好武艺。他曾挟带大量资财，到处漫游，遍访各地名家。见到谁的下盘优秀，就学他的下盘功夫；见到谁的上架巧妙，就学他的上架技法。这样兼收并蓄，广采博学，便日臻化境，形成了自成一家的独特拳法，真可以说好中又好了。于是他便将掌握的拳法，编撰成册，以便启迪学武的后辈。该拳百法皆已具备。因此，有志

---

① "帙"，原作"帖"，据国技本、良轮本、汪本改。
② "其"，原作"至"，草书形近而误。依汪本改。
③ "智"，原作"知"，古时相通。

于拳学之人，不可仅习其皮毛，务必意会其精髓，用心探求其内涵；更要竭尽全力，真正取得实际的功效。先掌握其大要，再细细磨砺，千万不要筋骨僵硬，以致练出浑身毛病。"舒筋舒脉"是怎么说来着？偏有一些猥琐无知的莽汉，自作聪明，以为只有任气使力，才能功臻上乘。此拳临敌应变，无不可以取胜他人，这就是人们所常说的"千金也不换"呀！要珍惜、慎重对待这一拳法，不可仅把它看成是戏耍而已！

【按】此段文字，当为曹焕斗对三昧《拳经》原有之序改写而成。观其所述当时拳派、拳种，与明唐顺之《武编·拳》、何良臣《阵记》、戚继光《纪效新书·拳经捷要篇》，文字略同，风格近似，可知乃从其脱胎而来。文中也化用了张鸣鹗《总序》的内容。

问答歌诀二十款（悉尽其中之秘）

【题解】此篇以问答的形式，先开门见山提出问题，再予作答。复以歌诀的形式加以阐发，以申未尽之蕴。虽"字句时参俚俗"，且"平仄不协者多"，但便于记诵。共二十款，全面阐述了临场实战和手搏的致胜原理与奥妙所在。主要内容有整体的势法、虚实、闪避、伸缩腾挪、里外裹、长短打等；又有步法、身法、拳法、掌法、勾挽法、膝法、跌法、拿法、抓法，以及身法如何操持、练法如何得窍、拳法何由得精等，真是"悉尽其中之妙"。

又，从本《拳经》以下多篇文字常引二十诀以证拳理，可知其由来已久，当是张横秋所传。

一、[①]问曰："势雄脚步[②]稳何也？"答曰："在势去意来。"
势若去时要猛狠，意旋回时身步稳。百骸筋骨一齐收，后手便顺何须恐。

【译文】请问："如何才能做到前去之势勇猛而又脚步平稳？"答：

---

① 以下编号为校释者所加。
② "步"，原作"不"，因读音、草书相近而误写。诀中有"身步稳"三字可证。

"在势虽然前去,又要有回收之意。"

前去之势要勇猛凶狠,怕跌必须回旋意存,这样便脚步平稳。做法是:百骸筋骨一齐紧收,后手还须顺势一紧,这样便没什么可以担心的了。

二、问曰:"弱可以敌强何也?"答曰:"在偏闪腾挪①。"
偏闪空费拔山力,腾挪乘虚任意入。让中不让乃为佳,闪②去翻来何地立。

【译文】请问:"为什么弱小者可以战胜强大的敌人?"答:"在于身法偏闪,步法腾挪。"

强敌进攻,我偏闪躲过,他纵有拔山之力,也是枉然;此时乘虚而入,腾跃而进,逼进其身前。须闪开即可,此谓"让中不让",切忌闪跳过远;闪开之后,翻身还击,他便没有立足的空间。

三、问曰:"下盘胜上盘③何也?"答曰:"在伸缩虚实。"
由缩而伸带靠入④,以实击虚易为力。下盘两足管住脚⑤,撑拳托掌谁能敌。

【译文】请问:为什么用下盘可以破敌上盘?"答:"靠身法的伸缩和虚实的运用。"

接住敌手,缩紧身躯,从其臂下钻入;身体鞭开,一靠而出,易于以实击虚。靠时须记:我脚伸出,将其双脚管住;拳掌继起,连撑带托,无人能抵御。

【按】汪本有注曰:"身法缩紧,压下力齐,以膝之实,击腿之虚。"

---

① 此歌两"挪"字,原作"那",古音义相同。
② "闪",原作"开",繁体字形近而误。据良轮本改。又,前有"偏闪"二字可证。
③ 此"上盘""下盘",指势架高低。一般分高、中、低三盘。
④ "入",原作"人",形近而误。据良轮本改。
⑤ "住脚",原作"在斯",形近而误。据良轮本改。

四、问曰："斜行并闪步何也？"答曰："在避实逃冲。"
避冲非①斜势难当，逃直非闪焉能防。用横用直急起上，步到身旁跌见伤。

【译文】请问："对敌时为什么要斜行与闪步？"答："为了避开拳脚的实攻，逃离敌人的冲撞。"

敌冲撞，不用斜行步，其势难挡；直来拳，不用闪步，怎免损伤。防躲开，用直横步，急赶直上；步到敌身，以靠跌之法，令其受伤。

五、问曰："里裹与外裹何也？"答曰："在圈里圈外②。"
圈里自里裹打开，圈外自外裹入来。拳掌响处无间歇，骨节摧残山也颓。

【译文】请问："对敌时，为什么有时用里裹，有时用外裹？"答："在于敌拳既可能从外来，也可能从里进。"

敌拳外门打过来，我由内门向外开；敌拳向我里门进，我臂从外裹进来。不管里裹或外裹，均不给人留间歇；使敌骨摧如山颓。

六、问曰："胜长又胜矮何也？"答曰："在插上按下。"
身长插上正相宜，身矮按下一般齐。眼鼻心口肾囊③上，不遭打损也昏迷。

【译文】请问："如何既可以战胜高于我的人，又可以战胜矮于我的人？"答："对高于自己的人上插，对矮于自己的人下按。"

身高之人，舒身上插，高度正相宜；身矮之人，缩身下按，我与之一般平齐。上插宜奔对方的眼鼻心口，下按宜取对方的肾囊腰脐。使其优势不能发挥，其要害处必遭打击；若能上插下按得手，即使不能把敌打伤，也能令其昏迷。

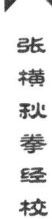

---

① "非"，原作"飞"。此两字音同、草书相近而误，或当时两字通用。苌乃周《苌氏武技书·中气论》有"飞上飞下，飞左飞右"句，四"飞"字均应作"非"。又，国技本张鸣鹗序有"悠扬处花非絮舞"，其中"飞"作"非"，亦可反证。三昧本、汪本均作"非"。

② "圈里"，指对方由外向里圈打，如勾拳、横拳等。"圈外"，指对方由内门往外打，如揭、靠、直拳等。

③ "肾囊"，男子的睾丸。

七、问曰:"短打胜长拳何也?"答曰:"短兵易入。"
长来短接易入身,入身跌拨好惊人。里裹打开左右角,外裹打入窝里寻。

【译文】请问:"为什么短打能胜长拳?"答:"在短接容易进入敌身。"

长拳打来,短手接住,容易进入敌身;进入敌身,管敌双脚,跌拨靠撞,威力非常惊人。敌拳外来,我由内外撑,能打开其胸部左右两角,使其露虚;敌拳中门进来,我由外内裹,得手后马上拧拳直进,奔其老窝搜寻。

八、问曰:"脚步能胜人何也?"答曰:"用坚堕①跪。"
前脚②弯兮后脚箭,前足如矢后足线。用坚③推靠不能摇,坠跪勾挞④随人便。

【译文】请问:"为什么用脚法可以取胜于人?"答:"在腿脚坚硬,可堕跪破敌。"

前腿弯如弓,后腿直如箭;前腿直如矢,后腿如弓弦。前弓后弓步,稳如泰山。我膝压敌腿,敌则难摇撼,敌身既受制,勾挞随我便。

【按】汪本有注曰:"坚,膝也;坠跪者,以我之坚压下人之腿节缝。前足弯弓,后足矢线,快之用也。"

---

①此"堕"字与诀中"坠"字,音异义同。
②此诀两"脚"、两"足"字,均应作"腿"字解。
③"坚",原作"肩",音同而误。答中有"用坚"二字可证。
④脚尖翘起,向前上运动为勾;以脚跟及外侧向侧后方蹬弹为挞。敌人在前管脚时用勾跪,在后管脚时用坠挞。

九、问曰:"身法能压人何也?"答曰:"排山倒海。"
一身筋节在肩头,带靠陡①来山也愁。翻身用个倒海势,纵然波浪也平休。

【译文】请问:"身法为什么能压住敌人?"答:"在肩头有排山倒海之力。"

筋节聚肩头,力量最为优;出时带靠意,陡来山也愁。翻身倒海势,从上压下骤;敌人掀巨浪,也能使平休。

十、问曰:"拳法足以克敌何也?"答曰:"在披②隙导窾③。"
一身筋节有多般,百法收来无空间。谁能熟透此中妙,恢恢有余有何难。

【译文】请问:"巧妙的拳法足以克敌致胜,这是为什么?"答:"拳能见缝插针,直捣敌人筋脉和关节的空虚处。"

人身筋脉关节有多种不同的组合,这些结合处都是人身的薄弱之所,诸法并用能收缩得无有间隔。谁能通晓拳掌披隙导窾的奥妙,专找敌关节隙缝处打击,克敌致胜便不难做到。

十一、问曰:"掌起可以百响何也?"答曰:"阴阳④幻化。"
阴变阳兮阳变阴,反托顺托不容情。手外缠来怀中出,两手搬开奔耳丛⑤。

【译文】请问:"掌起可以连续攻击敌人、响声不断,这是为什么?"答:"因为掌法能阴阳变化、随意翻转。"

---

① "陡",原作"从",繁体字形近而误。参看"周身秘诀·肩第四"。三昧本作"推"亦误。
② "披",为明清武术术语,指以手臂从上向下直击或斜击,力在小臂外侧。
③ "披隙导窾",原作"披窍导窍"。据《庄子·养生主》,当为"批郤(隙)导窾"。"隙",条形节缝;"窾",圆形空腔。诀中"恢恢有余",乃"恢恢乎其于游刃必有余地矣"的缩略语,俱见《庄子·养生主》"庖丁解牛"。
④ 根据中国古代阴阳理论,太阳照射处为阳,不能照到处为阴。以面南背北为标准,故手背向上为阳,手心向上为阴。明清人误之,以手背为阴,手心为阳。
⑤ "耳丛",原作"身靠",两字因形近、繁简而误。且靠字不协韵,靠法亦非掌法,与诀义不符。从汪本改。

阴掌可以变阳掌下击，阳掌也可变阴掌上弹；既可以肘在上反托敌臂上举，又可以肘在下顺托敌臂上掀。既可以从敌臂外缠裹而入击敌腹，又可从怀中转出击敌面；还可以从中门两手搬开敌臂，闯步直进以两掌合击敌双耳侧边。

十二、问曰："勾挽①能进身何也？"答曰："在柔能胜刚。"
拳出腿来势莫当，勾分并挽柔胜刚。若人犯着勾挽法，进身横托不须忙。

【译文】请问："为什么用勾挽法能挡开敌人的拳脚，直逼其身？"答："在柔能胜刚。"

拳脚飞来，其势难以阻挡；勾、分、挽，以横破直，排开敌拳脚，便可以柔克刚。他拳脚被勾挽开，我险已化，上步进身，或横击或托靠，不用慌忙。

十三、问曰："用膝可以敌②人何也？"答曰："在推上击下。"
两手相加乱扰攘，无心思到下盘伤。横直撇膝因穴道，纵是英雄也着忙。

【译文】请问："为什么用膝可以取胜于敌人？"答："在于上可排开敌手，下可用膝攻其空处。"

拳来拳往，两手相交，真是眼花缭乱；敌难想到，下盘空虚，也会受到攻击。我上封其手，以膝直撞，也可横膝撇转；此乃近身使招，击其空处，英雄也会忙乱。

---

① "挽"，原作"挠"，形近而误。从诀中均作"挽"字可知。方玉泉本作"挽"。
② "敌"字为名词，此作动词用，乃名词动用法。

十四、问曰："轻勾可以倒①人何也？"答曰："在手不在足。"
承手牵来将次颠，用脚一勾适②自然。足指③妙在勾身用，微微一缩望天掀。

【译文】请问："为什么用脚轻勾，也可使人跌倒？"答："主要在上边手的牵挽，足的勾扫则在其次。"

对手打来，承势一牵，他已几乎跌翻；用脚一勾，上下配合，其跌更显得恰当自然。足指妙用，在勾敌腿脚，以助手的牵挽；身再向下微微一缩，两手一掀，自可稳操胜券。

十五、问曰："跌法能颠越④人何也？"答曰："在乘虚因⑤势。"
乘虚而入好用机，见势因之跌更奇。一跌不知何处去，体重千斤似蝶飞。

【译文】请问："为什么跌法能将人凌空抛出？"答："因为乘敌之虚，借敌之势。"

乘虚入身，已占主动，便可见机行事；见其后仰，顺势靠跌，则又奇之更奇。跌时敌不知被抛向何地；体重千斤，凌空抖出，似蝶一样飘飞。

十六、问曰："拿法可以夺人何也？"答曰："在反筋偏骨。"
膂力千斤真个奇，筋节乖舛任施为。紧拿不许松松放，神速⑥牵来莫钝迟。

【译文】请问："为什么拿法能使人失去优势？"答："因为使其筋脉反转、骨节偏离。"

敌有千斤膂力，真令人称奇；若能使筋反骨移，我便为所欲为。得手不可轻放，还要反向施力；神速牵来，回手打出，不可有半点迟疑。

---

① 此"倒"字，为使动用法，意为"使人跌倒"。
②"适"，原作"边"，繁体形近而误。据汪本、方玉泉本改。
③"指"，通"趾"。
④"颠越"，凌空抛出。
⑤"因"，原作"用"，歌诀第二句正作"因"可证。据汪本改。因，凭借。
⑥"速"，原作"迷"，形近而误。据汪本、方玉泉本改。

十七、问曰："抓法能破体何也？"答曰："在便捷快利。"

进退轻跌[1]称便捷，伸缩圆活快利健[2]。体破血流红点点，指头到处有痕斑。

【译文】请问："指力本来不强，但抓挖能破人之体，却是为何？"答："因为身步便捷、指爪快利。"

步法进退便捷，身法起伏得宜，掌指伸缩圆活，爪甲快利有力。四者能够如此，抓搔便可施为，指头到处体破，斑痕血流淋漓。

【按】此法乃破脸之法，可参看《八仙歌诀》"何仙姑"条。汪本此下有注曰："拿抓法以手臂撬着他手后，仰转手掌，傍他手臂，殊未拿住他手腕；向身逼来，往后一跟，乃为抓拿之要法也。"此注当为擒拿之法，与本诀文义不合。

十八、问曰："身法当如何操持？"答曰："在收放卷舒。"

常收时放是操持，舒少卷多用更奇。一发难留无变计，不如常守在心头。

【译文】请问："身法应如何操练保持？"答："收拢、展放，卷缩、舒张。"

身法的状态，要经常收紧，时尔展放；对敌运用时，守势多，攻势少，应多卷缩，少舒放，方称奇之又奇。不知变化，大开大敞，定然被人算计；不如常卷，暗寓变意，才能随时出击。

【按】汪本有注曰："操，习也；持，守也；卷，藏也；舒，发用也。操守，君子防身之本；发用，见势见机。"

---

[1] "跌"，原作"跳"，据胡本改。跌，跌步，一种向外偏身下俯的步法。
[2] "健"，原作"间"，音近而误。据胡本改。

十九、问曰:"练法更如何得窍也?"答曰:"在会意用力。"
筋力人身本不多,在乎用法莫蹉跎。心在何处力随往,上下一线似金梭。

【译文】请问:"拳如何练习,才能找到窍门,做到事半功倍呢?"答:"意与力合,一线出击。"

人虽四肢百骸,但是筋力有限,并非取之不竭;用时须意气力集中,当机立断,不要犹豫不决。心欲攻敌何处,力要随之前往;上下凝成一线,飞快如掷金梭。

二十、问曰:"拳法何由得精也?"答曰:"在熟不在多。"
拳法千般与万般,何能精透没疑难。须知秘要无差漏,一熟机关用不完。

【译文】请问:"怎样才能将拳法练到炉火纯青的程度呢?"答:"在练得熟,不在练得多。"

人生精力有限,拳法千种万般,无法练得样样精通,没有疑难。要知道,拳术的关键在于没有差错和纰漏;平时练熟了,用时就能把握时机,变化无穷,处处周全。

周身秘诀十二项

【题解】此篇阐述的是人之周身,包括头、眼、颈、肩、臂、手、胸、腰、臀、腿、膝、足,共十二项,在练拳和对敌时须遵守的原则和诀窍,多是不传之秘,故曰"周身秘诀十二项"。其顺序也是依其重要性排列,可谓煞费苦心。

头第一

头者,身之魁,直竖而若顶千斤,不可抬高,不可俯视。向左则略顾左,向右则略顾右,随身法以相应。高仰则有仆后之病,低视则有仆前之虞。学者宜先懔①之。

---

① "懔",原作"凛",音同形近而误。

【译文】头是一身之首,要直竖上顶,好像有千斤之力。不可后仰抬高,也不可向前俯视。身体向左,头则向左略顾;身体向右,头则向右略顾,须与身法相适应。抬高后仰,则有向后跌倒的弊病;向前俯视,则有向前仆倒的可能。习拳之人,必须要警惕。

眼第二

眼者,身之主,宜精神贯注,破敌全凭之。故认腿、认势,皆赖乎眼也;兼视一身,上下相顾,前后左右相防,皆不可不用眼。

【译文】眼是一身的主宰,必须全神贯注,眼光犀利,因为破敌全要靠它。所以敌人来时,其腿如何动、其势如何立,全赖眼睛辨识;并且眼睛能兼顾身体上下,而前后左右的防护,更是离不开眼睛。

颈第三

颈为头目之枢,上下相顾,呼吸相通,以灵活为主。要直竖而不可太偏。顾左顾右,随身法以相转。学者亦当领会也。

【译文】颈是头眼的枢纽。依靠颈的活动,可以上见敌人来拳,下见敌人出脚,又可使上下呼吸通畅,颈以灵活为主。要直竖而不可过于偏斜。左顾右盼,颈要随着身法转动,不可单行。习拳之人,对此亦要细心领会。

肩第四

肩为一身之前锋,宜带靠而陡来。宜下与膝相对,不可过于膝,亦不可不及于膝。至若偏闪,更要灵活为要。

【译文】肩是身体的前锋,出击时要寓有靠撞之意,并要陡然相冲。靠出时,肩尖要下与膝尖相对应,不可过于膝前,也不要落于膝后。至于偏闪避敌时,更要以灵活为主。

臂第五

臂乃一身之门户，宜狭不宜开，开则身法涣散，敌人可揭可挑，而我之身难保矣。宜以气应之，臂力使上，则气吸上；臂力使下，则气降下。臂力开，则随身法以相转，不可使孤行为要。

【译文】臂是一身门户，贴肋可护己，开之为诱敌。宜下垂夹裹，不宜敞开，敞开则身法涣散，敌人可将我臂揭起挑开，这样胸胁暴露，我便自身难保了。臂的运行，要与气配合相应。臂力向上，则气要随之上吸；臂力向下，则气要随之下沉。臂力外开，要借助身法的转动，臂动则身动，不可使臂单独行动。

手第六

身之围护者，手也。要轻松圆活，刚柔相济，上下前后左右相顾。左上则右下，右上则左下。亦有左则俱左，右则俱右，此以身法速转，方可如此。更有变阴变阳之妙，长短伸缩之玄。总之，以熟为要。

【译文】手是身体的保护者。手部动作要轻松、圆转、灵活、刚柔相济，上下前后左右互相照应。左手向上，则右手向下；右手向上，则左手向下。也有两手同时向左或向右者，但这必须在身法快速转动的情况下运行。手更要有阴阳变幻之妙，长短伸缩之玄。总之，手法纯熟才是最重要的。

胸第七

胸乃我身之墙壁，宜开之以成一片，亦不可俯仰，两手常须护持，毋使敌人攻入。苟使近身，纵有能者，亦难敌矣。

【译文】胸是身体的墙壁，不可缩作一团，也不可前凸外敞，宜两肩合抱，使胸平开成为一体。不可前俯后仰，也不可前缩后掰。两手臂要常常护着胸，不能让敌人攻进。倘使敌人入胸近身，即使是技能高超者，也难以破解。

腰第八

身之枢轴者，腰也。腰要灵活圆熟，直鞭坚固。况力皆从腰出，气亦由腰所运。一屈则气阻力闭，上下不能相通矣。

【译文】身体回旋运转的枢轴是腰。腰要灵活、圆转、纯熟，直竖有鞭劲，坚固不软塌。况且力都从腰出，气也是由腰输送。腰一弯曲，则气阻不能运，力闭不能发，上下不能贯通。

臀第九

下身之所重者在臀，宜与肩相应而成一片。肩过右则摆右，肩过左则摆左①，要陡然相冲而带压下。故一身之筋节，俱紧贴敌人身上，所谓"百法收来无空间"是也。

【译文】下身倚重的部位是臀，臀应与肩配合相应成一体。肩向右转，同时臀也要向右摆；肩向左转，同时臀也要向左摆。摆时要陡然相冲而带压下之势。能如此，则一身之筋节俱紧贴在敌人身上，这便是歌诀所说的"百法收来无空间"之义。

腿第十

管脚之担力②，腿亦有功焉。宜悬而缩，宜活而硬，要循腰藏阴而带曲尺③样。此下盘之紧密者也。

【译文】封管敌人之脚，必须要有腿的担当力，因此腿的功用不可或

---

① 上六字原无，校释者据行文体例补入。
② "担"，原作"挋"，与繁体"擔"草书形近而误。汪本作"担"。"担力"，阻挡之力。
③ "曲尺"，木匠用的三角尺。

缺。腿应该既可悬空又可缩短，既灵活又硬挺，更要悬贴在腰间，并护住裆部；整个腿形要像曲尺的样子。这样才能使下盘紧密无失。

膝第十一

下盘之门户在膝，宜平分向①里，不可外开。若开则足尖亦开，下盘必不密矣。要在略带压下跪势，仗身法坐至将平即住。若过于坐，则腿力不坚，腰曲无力，种种失真矣。此法不必拘，要在能者变用耳。

【译文】下盘门户是膝，宜平分向内扣，不可向外张开。若膝打开则脚尖也会打开，下盘便难以做到紧密。其要点在于略带压下、呈半跪之势，并依仗身法下坐，使膝稍低于大腿、而至将平未平即可。若身法过于下坐，使膝高于大腿，则腿力不坚，腰膝无力，便会带来种种弊端，从而失去下坐的本义。以上是说在一般情况下，但也不必过于拘泥。特殊情况下可以变通，关键在于灵活变化。

足第十二

足系一身之根，根不稳，则百体虽②强，皆为虚器矣。妙在足指钉下，足跟坚固，不可虚前虚后。进步宜轻，踏③步宜速，探步宜活，其余五④盘步法，俱遵成式运用。根既坚固，周身俱活，随其所之，无不颠人矣。

【译文】足是一个人身体的根基。如果根基不稳，那么百体再强，都形同虚设。足部稳健的奥妙在于足尖如钉抓地，足跟坚固踏实，不可前虚后浮。足在进步时宜轻，踏进时宜疾，探步时宜活。至于其他各盘管脚进步之法，都有一定的成法可遵循。足若坚固，周身都很灵活，则所到之处，都能将人颠翻。

---

① "向"，原作"内"，形近而误，据汪本改。
② "虽"，原作"难"，繁体字形近而误。
③ "踏"，原作"踹"，从汪本改。
④ "五"，原作"百"，草书形近而误，从汪本改。五盘步法，指左右边盘，左右外盘，中盘。

下盘细密秘诀

【题解】狭义的下盘，是指人体下肢部位，广义则兼指下盘及技击方法。对敌时，怎样才能以巧妙的方法锁住敌腿，从而挫败敌人，确有秘不可传的诀窍，故曰"下盘细密秘诀"。

本秘诀详述四种管脚方法，对其名称、用法、注意要点及效果进行了说明。如果能灵活掌握，随机运用，则变化无穷。其中管脚之高低深浅、手法之推托交挽、身法之内外出入，均可变生出无数招法。也就是说，虽名下盘，但也要配合身法、步法及肩、肘、手的运用，才能达到预期的目的，不可仅仅看作下盘的技法。

此下盘细密之法，应是数代人心血的结晶，这可能有绵张、陈松泉、张横秋、张三昧等，曹焕斗又作了疏解。文前"小序"，应是曹氏对张三昧原文的改作，所以有颇多矛盾处。本校释依国技本对关键处进行了校正，其余一仍其旧。

吾家自异人①相传至今，百余岁矣②，而百法之妙，总可以一言蔽之③，所谓"避④实击虚"者也。至于下盘之法，非经口授，难以通晓，未能尽悉其奥；且不辨之妙⑤，更多差谬。其法须要见境生情，而囷囵⑥曲折，不可不细讲究。凡我后辈，传授之法，潜心习练，苟能应心得手，无不倒人。其所取胜于人，全在此处也。但行道之时，不可传人；非端人血亲，亦不可谈及。故我家子弟⑦，不能悉数，而能晓此法者，亦不过程子景陶、胡子我弘、张子仲略数人

---

① "异人"，原作"张先生"，当为曹氏所改，三昧不会称己父为"先生"。国技本正作"我家自异人"。国技本作"多年所矣""袖里相传"。
② "百余岁矣"，从陈松泉传拳张横秋，至三昧编《拳经》时，当已百年以上。
③ "以一言蔽之"，原作"外此以仿之"，据国技本改。
④ "避"原作"逊"，草书形近而误。
⑤ "不辨之妙"，原作"不加辨析"，据国技本改。"妙"字应作"玄"，此为避康熙讳。"之""玄"步是张氏拳重要的步法。其下四法中的"边管"为"之"步，"外管"为"玄"步。
⑥ "囷囵"，杞柳条等编成的圆形筐状物。此喻管脚法须走圈步。
⑦ "故我家子弟"，原作"如张先生之名徒"，当是曹氏所改。据国技本更正。

而已。可不藏之,以为防身之秘要哉!

【译文】 我家自异人传授至今,已有百余年了。而各种技法运用之妙,总可以一句话概括,这就是"避实击虚"。至于下盘之法,不经过亲口传授,则很难明白通晓,更不能完全了解其中的奥秘。而且不分清"之""玄"步的差别,仅凭表象,更是失之毫厘,谬以千里。下盘之法要见境生情,灵活应用,而其中的圆转曲折,则不可不细加讲究。我们后辈之人,被传授这些方法之后,如果能潜心研习,做到得心应手,则临场对敌,无不可将人跌翻倒地。其能取胜于人的诀窍,全在此下盘之法。但在外出行道之时,不能随意传授给他人;非端正之人和血缘之亲,也不要谈及。所以,我家子弟难以尽数,而能通晓这些下盘之法的,也不过程景陶、胡我弘、张仲略数人而已。由此可见,此下盘之法,岂可不珍藏以作为防身的秘诀吗!

双管[1]秘法第一

将左脚偷在他人左脚外边,或离三五寸,然后右脚缩为一毬[2],又[3]须要悬空离地,臀与大腿、膝尖,从人腿边软处并膝腕边,尽力一齐压下,则人之左脚,自然离地,而我之右脚,已射过他人右脚边矣。此双管之妙诀也。

又,附张先生原歌诀[4]:

双管之法果希奇,须记脚尖是线羁。其力要从软处得,将人双脚一缚之。

双管图式:我之臀尖、腿、膝尖,熟缩一毬,从敌人腿边抵进而带压下,将人两膝缚作一堆。

---

[1] "双管",将敌双脚管住,以便使靠跌牵绊之法。按:双管可以是前管,也可以是外管、边管。从文义分析,此名"前管秘法第一"较确。
[2] "毬",今作"球"。古代毬以皮毛为之,而"球"为一种美玉。此为同音假借。
[3] "又",原作"只",形近而误。据国技本改。
[4] "张先生",当为曹氏所增,它本仅作"原歌诀"。国技本无歌诀,下同。

此法须要记清一片①，总是手随身、身随臀、臀随大腿、大腿随膝尖、膝尖随脚，一片而抵入。不可视此图是几节②。（图1-1）

【译文】将我左脚偷插进对方左脚外边、或离三五寸远，然后将右脚缩成一球，又要悬空离地。继之将我的臀、大腿与膝尖，从对方身前腿边软处及膝关节边，尽力一齐压下，则对方左脚自然离地，而我的右脚已射过对方右脚外边矣。这便是双管妙诀。

又，附原歌诀：

双管之法果然稀奇巧妙，我左脚落地时，与他人左脚尖成为一线，才算恰如其好。进右脚时要从对方软处压下，才能将人双脚一齐缚牢。

双管图式：我的臀尖、腿、膝尖，圆熟地缩成一球，然后从敌人腿边抵进，并带有压下之势，进而将他人双膝缚作一堆。

此法要记住必须是整体而进，即手随身、身随臀、臀随大腿、大腿随膝尖、膝尖随脚，一体抵入，要一气呵成，中间不能停顿。

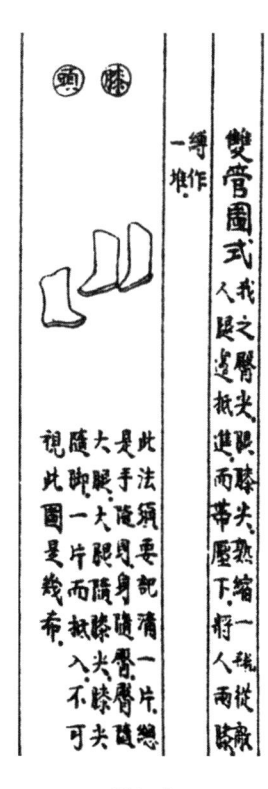

图1-1

【按】双管秘法，是敌以左侧势进攻时，我先以左手挽住敌之左手，同时左脚偷进对方左脚外边，然后以我之右臀、大腿、膝尖、脚缩起，从敌人身前一齐插入。继之我左手前领，右手下按敌之左肘或膀背，肩须压下，臀与大腿等向后发力，将敌人跌仆于前。此法与本书后边将讲到的"挞法"相似。目前四川南充一带流行的"松溪内家拳"中的"翻挞"与此相似，八极拳、八卦掌中亦多有此法。

---

① "一片"，指全身形成一个整体，劲力节节贯穿，形成合力。
② "几节"，原作"几希"，国技本作"巴节"，均形近而误。据汪本、方玉泉本改。

据原文"从人腿边并膝腕处"和"将人两膝缚作一堆"可知，此法是从敌人身前双管。戚继光《拳经捷要篇》称为"拴肚脚"。

中管[①]秘法第二

走中盘[②]，必将左脚偷在他人右[③]脚里边，或离三五寸，然后将右脚缩起，先以脚尖射入，须是一齐插进，而臀亦必紧贴身为满盘。此中管之妙，不可不知也。

又，附原歌诀：

中管之法果奇焉，膝尖好似箭离弦。其力须知一片入，将人掀跌自天然。

中管图式：我之膝尖、臀尖、腿，从此缝中射入。（图1-2）

【译文】运用中盘破敌，必须将左脚偷在对方右脚内侧，或离三五寸远，然后将我右脚缩起，先以脚尖射入敌人裆里，然后膝尖、臀、胯随之一齐插进。要记住的是，我的臀必须插至贴紧敌身，才算满盘。这是中管的窍妙所在，不可以不知道。

又，附原歌诀：

中管之法果然奇妙无边，我膝尖插进要快如离弦之箭。力的发出须要整体而进，不可中断；这样才能将人掀跌得不露痕迹，好似天然一般。

中管图式：我的膝尖、臀尖、腿，从此缝中射（插）入。

图1-2

---

① "中管"，从中门管住敌脚，以便进步夺位，使用靠撞之法。原文"管"义不明。根据实际操作，当以左脚贴近敌之右脚，然后脚尖外摆，便可管住敌脚。然此只能是单管，无法双管。
② "中盘"，从中门进入敌身，以管脚破敌的盘口称为中盘。可参看"迷拳盘"。
③ "右"，原为"左"，误。

【按】此中管秘法，乃是敌人右侧势进攻甚急，我来不及走边盘或外盘躲闪，只好当机立断，直撞而进，以中盘破敌。其法是敌右进时，我以左手或挽或反托敌右手，同时左脚偷插进敌右脚内侧，脚跟粘地，脚尖外摆，以管住敌脚，继之我右脚飞速连膝带臀插入敌裆，同时以右手击敌胸、颈、头（戏珠），或以肘、肩靠撞敌胸。

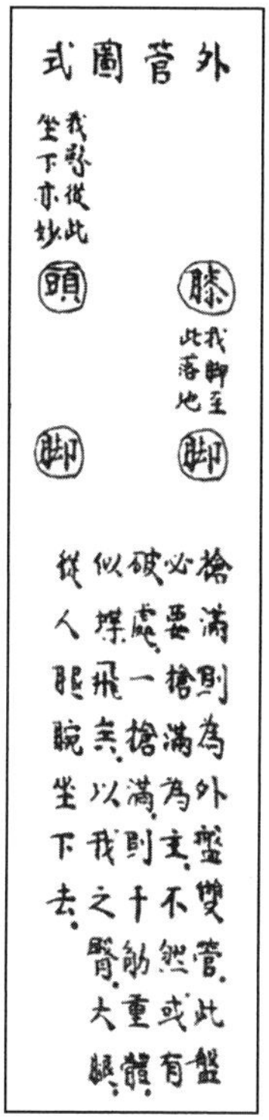

外管①秘法第三

走外盘②，必将左脚跌一步③，离彼脚或四五寸，然后将右脚缩起，鉏④下腿心、腿腕⑤，臀、大腿亦须一片用力。又有以臀从人腰下软处坐进，亦甚猛狠。

又，附原歌诀：

外盘管脚实难当，猛虎倚山势更强。身臀一片须颠⑥进，将人掀跌独擅长。

外管图式：抢满则为外盘双管。此盘必要抢满为主，不然或有破处。一抢满，则千斤重体似蝶飞矣。以我之臀、大腿，从人腿腕坐下去。（图1-3）

此法就是用颠步，全要臀边着力。又名反煞盘，最为雄猛，亦名回回步。

【译文】运用外盘破敌，必须将我左脚往外跌一步，

图1-3

---

① "外管"，敌右手右脚在前时，我以身体右外侧，进至敌之身体右外侧，以我之右脚从敌右后管住敌双脚，称为外管。双方各以外侧相粘，面部朝向相反。
② "外盘"，敌右手右脚在前时，我走敌右侧，并以我之右外侧粘住敌之右外侧，以我之右脚从敌身后管脚以制敌的盘口，称为外盘。
③ "跌步"，一脚往外轻轻一跳，另一脚随之跟进下伏、或贴近前脚成虚步、或侧身提起，同时身法下降（跌），里肩下垂，成含机待敌之势。图式中"腾挪偏闪式""八仙醉步式""葫芦式""铁拐李颠桩式"，均寓跌步之义。跌步又可用于横开步、横颠步，但两者不完全等同。
④ "鉏"，古同"锄"，是指以我腿从敌后斜插下去的意思。
⑤ "腿心、腿腕"，对方的脚后跟和腘窝。
⑥ "颠"，颠步，也称颠跳步，指双脚依次向某方跳闪或进退的步法。颠跳时，先跳之脚未落另脚即起，然后双脚依次落下。颠步与脚法配合运用，则有颠踢、颠踹、颠跺之分。

离对方右脚约四五寸，然后将我右脚缩起，腿要卧下，从敌右侧身后腘窝、脚后跟一线插入。臀、大腿，也要一体用力，不可中断。也有以臀从对方右侧腰下软处坐进的进攻方式，也很猛狠。

又，附歌诀：

外盘管脚，勇猛异常，敌人实难承当；我紧贴敌身，如猛虎倚山，势更雄强。管脚之时，我须身臀一体，颠步进闯。若论跌敌，数法之中，外管最良。

外管图式：假若我右脚向敌身后抢满，管住敌人双脚，则为外盘双管。外管之法必抢满方为老到，不如此则可能出现破绽，敌可抽脚而逃。一旦抢满，敌虽有千斤之重，也会被跌得像蝴蝶一样飘飞。抢满之法，是以我的臀、大腿，从对方腿弯①边坐下去。

此法必须要用颠步，以与敌相靠之侧的臀部发力。又名反煞盘，最为雄猛，又名回回步。

【按】外盘管脚之法，是敌以右侧势进攻时，我左脚外开，将我右侧身体插进敌右侧身后。在今松溪内家拳中应用的较多。如其中的"朝阳手""雁翅跌""撒桩跌""盘肘跌"均是，只是上部手法，与此稍异。松溪上部手法多用挽拜手，配合后手从人肘臂之上向前推撞；此《拳经》所述则为前手托起，后手推撞，当从人臂下插入行之。参见"走外盘闪法"。

边盘②秘法第四

走边盘，必将左脚偷在他人左脚外边，或离三五寸，后将右脚缩起钻入，必射过腿心、脚腕，方为满盘。

又，附歌诀：

边盘偷巧任施为，妙法须知软处投。也宜脚尖过尺五，方为老到有算头。

---

① "腿弯"，是腘窝部。
② "边盘"，敌以左侧势进攻，我走敌之左外侧，以我右脚从后管其双脚的盘口称为边盘。与外盘秘法不同的是，它是通过我的内侧贴敌，双方朝向相同。

边盘图式：以我之膝头从人腿边射进，我之膝头射在此，我脚至此落地。此法为双管无差。（图1-4）

【译文】运用边盘破敌，必将我之左脚偷插在对方左脚外侧，或离三五寸；然后将我右脚缩起，从敌人身后钻进，必须射过对方腿弯、脚踝，管住对方双脚，才为满盘。

又，附歌诀：

边盘管脚，偷巧成功，便可为所欲为；须知进腿妙法，要从人臀后软处射进。若要满盘老到，扩大战果，须射过其右脚一尺五寸。

边盘图式：以我的右腿膝头[①]从敌人身后腿弯边射进，膝尖须位于对方两腿中间，右脚尖须穿过敌右脚外。能如此，才算双管到位。

【按】此边盘用法，是当敌人以左侧势进攻时，我以左手挽拉住其左手，同时左脚偷偷插进对方前（左）脚外边，然后右脚缩起，从敌身后射[②]进并过其右脚，右手及肩从敌腋下钻进，陡然鞭开，将敌靠撞跌出。此法在今天多种拳术中都有存在，如太极拳中的"野马分鬃"，姜容樵八卦掌中的"叶底藏花"接"鸿雁出群"，松溪内家拳中的穿桩跌、穿林跌、单鞭跌等。

以上四盘管脚方法不同，其跌人之状也各不相同。双管秘法，是在人身前管脚，将人跌趴向前。中管秘法，是从内门将人向后撞翻。外管秘法，是背靠背从右外侧将人跌出。边盘秘法，是以我之胸腹贴敌之左外侧，从边门将人跌出。

脚法之妙，虽亦多端，横直撇膝，总要视穴道[③]而入，自然百发百中。今

[①] "膝头"，指膝前部、也即膝盖。
[②] "射"，指快速如射箭。
[③] "穴道"，中医和点穴术中指人体经络结合处。此指人体薄弱空虚处，如裆部、小腹、肋部、后腰、胸窝及疏于防范等处。

特择其尤要者，精切详言之。初学熟此，则临敌自然变化无穷矣。宝之记之。

【译文】脚法之妙，虽然多种多样，但胯、膝、足的直撞横撇，总要对着他人的空虚之处出击，才能百发百中。现在特意选取其中最重要的，详加解说。初学者如果能熟练掌握，在临阵对敌时自然能随心所欲、变化无穷。要珍视这些方法，并将它们牢记。

少林寺短打身法统宗拳谱

【题解】此拳谱文简义周，当是《拳经》后期文字。所谓短打，是指靠近敌身，以肩、肘、胯、膝、低腿、短拳，辅之以管脚、靠撞以破敌的拳法，其风格势险节短。其与长拳的远击高踢、奔腾跳跃、大开大合不同。所谓统宗，当是指少林寺短打拳均以此为准则之义。歌诀以下十则释文，可能是曹焕斗所注。

百拳之法，以眼为纲①。反侧前后，求察阴阳②。浑身着力，脚跟乃强。起伏进出，得先者王。拳无寸隔，沾衣便亡。腰无少主，巧终狼狈。如钉若矢，紧依门墙③。自顶至足，节转轮④防。接应变换，无仇⑤为良。八锋⑥不挠，随颠随狂。

【译文】百家拳法各不同，但均以眼为准绳。反侧前后言身足，阴阳之辨须分明。浑身着力使整劲，脚下有根自强雄。起伏进出亦阴阳，得先为王切记清。拳无寸隔见肉打，粘衣便击敌丧生。腰若歪斜欠坚直，虽巧

---

① "纲"，原释文作"尊"，汪本亦作"尊"。可能是为协韵后改为"纲"字。两存。
② "阴阳"，中国古代的哲学术语，意指相反、相承，互根、互生的两类事物，其含义非常广泛。对武术来说，进攻为阳退守为阴，刚发为阳柔化为阴；人身则背为阳胸为阴，左为阳右为阴，外为阳内为阴，上为阳下为阴，手背为阳手心为阴（明清人反之），不胜枚举。阴阳两者，可相生相克，互根互依。即无阳便无阴，无阴亦无阳。又阴中有阳，阳中有阴；阳中有阴，阴中有阳。不可端倪，难以穷尽。
③ "门墙"，以中门言，直对胸腹者为门，左右两侧则为墙。左右侧又称边门和外门。
④ "节"，关节，如车之轴、户之枢等可多方向转变的结点。"轮"，车轮或扁平可转动的物体。
⑤ "仇"，指对立的双方。无仇，不对抗，如太极拳中的不顶不抗。
⑥ "八锋"，按，"锋"字原为"风"，音同而误，据"其十则"释文改。"八锋"，手肘肩胯膝足头臀，指人身能出锋的八个部位。释文以"臂""腿"列入八锋，似不确。

亦乖难成功。敌人门户要紧依，如钉若矢快堵封。自顶至足要圆活，如节化防似轮行。接应变换随机用，不顶不抗方为能。八锋坚硬攻敌虚，随颠随狂身步灵。

其一则

"百拳"者，诸家之拳也。"以眼为尊"，谓精神巧处，全在眼上，如天上有日月，凡来去隐曜①，横直斜正，无不照彻于人。对敌时，或开或闭，或虚或实，或高或下，俱要一眼观定，然后进破，自无不合。故先贤曰："由诸心而发诸手，眼为尊焉。"

【译文】"百拳"，是指各家各派的拳法。"以眼为尊"，是说人之一身，其精神的闪光之处，全表现在眼上。这正如天上的太阳和月亮，不管它们何去何从，也不管是隐于云中还是发出光芒，不管是横贯天空还是直射下土，也不管是斜行于东西还是悬挂南天，无不把万物照耀得一清二楚。对敌之时，敌人或取开势，或取闭势，或为虚招，或是实手，或高来，或低进，都要一眼看定，然后进身破敌，自然若合符印、如谐节拍。所以先贤说："由心而起，由手而发，以眼为尊。"

其二则

"反侧前后"者，谓人立身立足之法，不外此四字也。人一身伫立之间，须要配合阴阳，方知阴来阳破、阳来阴破之妙。若不明阴阳，则无变化之妙，而有呆钝之嫌。先贤曰："敌未交手，便知胜败。"乃明阴阳之理也。又曰："身法为良。"乃明阴阳相生之妙也。

【译文】"反侧前后"，是说人的立身、立足之法，不超出这四个字的范围。即人身体站立时，其身步要与阴阳配合，要知敌人阴来我阳破、敌人阳来我阴破的妙处。如敌人前来我反走，敌人正进我侧应，敌人后撤

---

① "曜"，原为"躍"，形近而误。曜，光耀，明亮。《诗·桧风·羔裘》曰："日出有曜。"又，日月五星，谓之七曜。依文意，应为"曜"。

我前攻，敌人进攻我后闪，敌人上来我下进，敌人下来我上打。总之要直来横破，横来直破。若不明阴阳相破之理，则不但没有随机应变之妙，而且有呆板滞钝之嫌。先贤说："敌未交手，便知胜败。"这是因为已明了敌我阴阳相克的道理。又说："身法为良。"则是了解自身阴阳相生的奥妙。

其三则

能明阴阳，则当察其用力。其言"浑身着力"者[1]，自顶至足，须要一片[2]，又要在一时。若不在一时，自己先有弊病。当知真实虚败之理也。

【译文】既已了解阴阳相克、相生的道理，则应当细察用力的诀窍。拳谱说"浑身着力"，是说力的运使，须要自头至足，节节贯穿，连成一体，形成整力，不要有所中断。力又要同时发出；如果不是同时发出，必然分散，这是自己先有弊病。要知道力能一片、一时，则力真力实能取胜；中断、间隔，则力虚力弱而失败的道理。

其四则[3]

"起伏进出"者，乃身[4]势所用之法，申言阴阳之用，不是另立一门路也。诀言"得先者王"，言[5]以快为主，不可濡滞也。然不是先去打人道理，是我先有预防攻诱之备。谚曰"快打慢"者，即此之谓也。

【译文】"起伏进出"，是常用的身势之法，也是一对阴阳。但此处是进一步说明阴阳的作用，不是另外又立一门路。诀中说"得先者王"，是说以快为主，不要犹豫迟滞。但这不是说要先去打人，是说要先有防敌、破敌、攻敌、诱敌的心理准备。谚语说"快打慢"，就是说的这个道理。

---

[1] "者"，原作"也"，草书形近而误。
[2] "一片"，张氏拳常用术语，指身法、用力须一气呵成，不可中断。
[3] "其四则"，原为"其五则"。因有"申言阴阳之用"语，故应接"其三则"下，此前后做了对调。
[4] "身"字原无，据汪本补。
[5] "言"字前原有"诀"字，承前衍，删。

其五则

"拳无寸隔"者,见肉锋伤之谓也。"沾衣便亡"者,必粘着身体,而我则不可稍缓也。

【译文】"拳无寸隔"的意思,是说我的八锋(手肘肩胯膝足头臀)一旦触及敌人肌肤,就要立即发力击伤对方。"沾衣便亡"的意思,是说我必须粘着对方身体时,才可攻击,并且不能有丝毫的迟缓。不粘敌身便发力,不仅打不到敌人,还可能造成失势,为敌所乘。

其六则

动静俱属①乎腰,"腰无所主",则病生焉,上下无力无势,进退展转不顺,虽有至巧,亦无所用。须要得乎屈伸之妙,刚柔②之法,斯为贵焉。

【译文】人的一动一静,都要用腰来控制。若腰不能主宰,而是依从于四肢,则弊病便生。如此则上下发不出力、造不成势,进退展转不顺,即使有再巧妙的击打方法,也难以运用。腰要能做到屈伸随意、刚柔得法,方为上乘。

---

① "属",原为"屡",形近而误,从汪本改。
② "刚柔",中国古代一对哲学术语。"刚"指刚硬、刚强等属性;"柔"指柔软、柔弱、柔顺等属性。一般认为,太刚则折,太柔则废。武术借用此术语,认为刚柔相济为妙,即刚中有柔,柔中有刚,该刚则刚,该柔则柔,刚柔变换。

其七则

顾定、对定内中①一切门户②。为贵者,谓紧倚内门也。内中门户,明如指掌,敌一动移,即紧就促依之,纵技有掀天揭地之能,亦无所施其巧。若徒外势,安得称为上等之法。故学者"门内③"二字,宜逐一摩究也。

【译文】要像钉矢一样盯紧对定敌方内门和中门的一切门户。之所以为贵,是说能够如胶似漆、须臾不离地紧依敌人的内门和中门,这样其门内的一切变化,我便能了如指掌。敌人一旦移动,我就马上挤靠上去,敌纵有掀天揭地之能,也无法施展技巧。不然,若徒摆外在的空架子,怎能称为上乘之法。所以习拳之人,对"门内"二字,须要逐一揣摩探究。

其八则

言"自顶至足"者,"节转轮防"之谓也。凡人进身,动以立势,静以潜形,直为进步,闪为进出,俱要节节转换,如车轮之状,其皮骨筋脉,皆要一顺为妙。

【译文】拳谱说"自顶至足,节转轮防",是说凡人的进身,动则立下态势,静则不露形迹,向前为直步进,外闪为出步进。无论动静进出,都要像车的枢轴和辐条一样,节节转换,循环不已。其皮骨筋脉,皆要一体顺遂,方为巧妙。

---

① "内中",内门和中门的缩略语。张氏拳术语中,指前手之内的空间和部位。此外,左手之外称边门,右手之外称外门。又有左右边门,左右外门之说。除非有意诱敌,一般内门须防敌人攻入。
② "门户",双扇为门,单扇为户。就武术中门(内门)言,正中为门,两侧为户。
③ "门内",原作"内门"。"门内"义丰,从方玉泉本改。

其九则

言必"接应变换",相连应用之玄机①也。彼来入外门②,则接之;入内门,连而应之;其不可攻者,顺而变之;其不可变者,则依③而换之;皆"机"字之玄也。识破机字,方称上等法矣④。

【译文】拳谱说必定要"接应变换",是指在对敌时,须根据敌我不同的态势,采取"相连应用"这一玄妙机巧的方法。如敌人入我外门,则以接手应之;入我内门,则以连手应之。其招不可攻,则顺其势而变化;变又不可变,则依其势以换招。接、应、变、换,皆"机"字的玄妙内涵。识破"机"字,方能称上等法门。

其十则

言"八锋不挠"者,非八面对敌之说,乃配合身法之妙也。我身之锋有八利焉,手、肘、肩、臀、臂、胯、腿、脚之谓也。以我之锋,攻彼之钝,则无往⑤而不利矣。故琢磨者,虽颠而实不颠,虽狂而实不狂也。

【译文】拳谱说"八锋不挠",不是让人去八面对敌,而是说以"八锋"配合身法的玄妙。人身之锋有八处比较坚利,即手、肘、肩、臀、臂、胯、腿、脚。以我之锋,配以巧妙的身步之法,以攻敌空虚之处,则

---

① "玄机",玄,奥妙。《老子》曰:"玄之又玄,众妙之门。"机,本从"几"字引申而来。"几",事物临近变化前的征兆。《易》曰:"君子见几而作,不俟终日。"机,机关,形声字。古机关以木为之,故机从木。机关一启,则万弩齐发。后又引申为机窍、机会、时机、机遇等。
② "外门",亦称小门,指前手外侧的空间和部位。拳家破敌,有走外门者,有走内门者。但这不是一成不变的。高明的拳家,不分内外门和长短打的,而是看招打招,看势打势。
③ "依",原作"佑",据汪本改。方玉泉本作"移",当从"依"字音误而来。
④ "矣",原作"字",盖草书形近而误。
⑤ "往",原作"法",据下文"守身切要"条文改。

无往而不胜矣。故"颠""狂"二字，若逐一体会，则虽颠而实不颠，虽狂而实不狂，均是身法的妙用。

【按】此言八锋，实际臀不可谓锋，腿可作膝解，脚足可通。"臂"或是"头"之误。今人多以手、肘、肩、胯、膝、足、头为七锋，即七星，以其排布像北斗七星也。臀自然也应称为锋，但较难运用，其用在坐与撅。人之七锋或曰八锋之用，若弈棋，若布阵。肩胯，士也；肘膝，相也；手足，车也；颠翻倒插，马之跳也；披劈横拳，炮之翻也。指戳继之以掌塌，脚踢续之以跟蹱，卒前拱也。头臀为将帅，非万不得已，轻易不出也，出则必胜也。头，于八卦中为乾，腹（臀）于八卦中为坤。"乾元用九"，"坤元用六"，阴阳之极，头臀乃使。又腰为蠹也，气为旗也，乃一军之指挥；足为探子，眼为哨兵，乃一军之耳目也。身运一片，力使一线，乃全军上下，同心合力，进可攻，退可守也。故孙子曰："并力一向，千里杀将！"此之谓也。

场中切要

【题解】场，指武人练习武术的场所、场地。古人外出，除对付劫匪和仇家外，有时还到各地寻访名家切磋技艺。虽名曰切磋，却关乎武人的名誉。因此古人对临场较技都非常重视。在场中较技也叫"走场""上游场"。也有好勇斗狠、来者不善者，称为"踢场子"。场中切要，就是指临场对敌较技时切于实用、必须牢记的要点和诀窍。

此场中切要，先从整体上一言以蔽之，即"一眼、二快、三不善，全在遇空则攻进"，然后从守身、步法、手法、肘法、身法、用力、走场、走盘等多个方面，全面论述了场中切要的练习、使用方法和诀窍要点。其中有散文、有韵文，有的只有名称，如手法、肘法等，这无疑都是不传之秘。

一眼二快三不善，全在遇空则攻进。

【译文】临场对搏，一要眼明、二要快捷、三要心不善，在敌人出现空虚时，立即攻进，不可失机。

守身切要

拳要上下左右俱顾。顾者，固之谓也。我身之上下左右，皆能坚固无失，则随其所往，无不利矣。

【译文】行拳须上下左右都要兼顾。顾的意思，是固守、牢固、固若金汤。我身上下左右，如果都能做到坚固无失，则随心所欲，无往而不利。

【按】古人对敌，首重防守。《孙子》曰："先为不可胜，以待敌之可胜。"本《拳经》"交盘口诀"亦曰："大凡交盘之法，先固自己，再应他人。"均可参研。

步法

边盘[1]斜拗步[2]最强，单鞭[3]硬步怎提防。须知玄步[4]从之[5]换，之字串步[6]要紧忙。梅花步法[7]人稀晓[8]，锦绣[9]挪躜[10]上下量。雀步[11]颠[12]跳[13]连环[14]转[15]，多少

---

[1] "边盘"，从敌左手外侧进身破打，称为走边盘。又有"右边盘"之说。
[2] "拗步"，一侧手在前，另一侧脚在前的步型，谓之拗步。拗步连打带蓄，最能取势，古今拳家多用之。
[3] "单鞭"，""，指一侧手臂如鞭子般掸出，并有步法配合，故此处称"单鞭硬步"。有顺单鞭、拗单鞭之分。
[4] "玄步"，玄字步，步的运行轨迹像个"玄"字。左脚在前外开，然后上右脚，再折转上左脚。为走外门横开闪身时用。也可由"之字步"转换而来。
[5] "之"，之字步，步的运行轨迹像个"之"字。为左脚在前时，右脚向前上圈步，再进左脚上前之法。为走边门斜闪上步时用。
[6] "之字串步"，以连续衔接的之字步走转。
[7] "梅花步法"，步的运行轨迹类似梅花。共有五步，外边四个落足点，中间一个落足点，围着中心转，但要以步步占中心为要。参见"梅花步法"及图式中的"梅花五步"。良轮本有更详细的诠解。
[8] "晓"，原作"少"，据汪本改。
[9] "锦绣"，步法不详，或即绞花步。
[10] "挪躜"，原两字均为"足"旁，盖明清人手写体。挪躜步，在前之脚小步向前挪移或赶进，后脚随之跟进。类似今寸步、蹉步、活步。
[11] "雀步"，又称鹊步，指像麻雀或喜鹊一样向前小步跳跃的步法。
[12] "颠"，颠跳步。一脚跳起未落时，另一脚继起，然后顺次落下，可向各个方向进行。
[13] "跳"，跳步，指大幅度跳跃的步法。
[14] "连环"，连环步，指多种步法连环运用的步法，亦指步法轨迹相连如环。今戳脚中有玉环步可参。
[15] "转"，转步，指由站立的位置，向前后左右转走的步法，如八卦掌中的扣步转身即是。

玄机里边藏。此是拳家真妙诀，学者授是为贤良。外有坐马①寒鸡步②，鲤鱼跌子③亦堪详。

偷步④法：偷步，须要在有意无意之间，点步、站步、抵步⑤，皆从此出。

奸步⑥法：奸步乃迈⑦开之意，其力弱者，取胜全在于此，所谓"让中不让"也。

梅花步法：梅花五步，乃太极之义，循环无端，前后左右，皆可操练。其法每以步步占中心为主。

【译文】走边盘，斜身拗步，其势最强；出后脚管敌脚，前臂鞭出，敌怎提防。须知走敌右侧的玄字步，可以从左边的之字步变换而来，而之字步的串接要急速紧忙。梅花五步的奥妙多数人不知晓，倘运用如锦交错的绞花步、挪步、攒步时，要上下高低惦量。雀步、颠步、跳步、连环步、转步等步法，其中隐藏着无数的变化玄机。步法三昧是拳家真正的妙诀，而这只能传授给正直贤良的人。此外还有坐马步、寒鸡步和鲤鱼跌子步，也值得揣摩体悟仔细推详。

偷步法：偷步，须要在有意无意之间，不要让人察觉。点步、站步、抵步，皆由此步变出。

奸步：奸步是将前脚向外侧迈开之义，力量弱的人取胜全在于善用此步法，这便是歌诀中所说的"让中不让"。

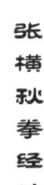

---

① "坐马"，坐马步，即马步，有正马步、半马步、侧马步、钓马步之分。钓马步见尊我斋主人《少林拳术秘诀》，多取侧势。其法为一脚全着地，另一脚以脚尖点地，含有蓄势待发之意。

② "寒鸡步"，步型取寒天鸡一足曲立，一足缩悬之状而命名。又名"八仙式醉步"。"拳法备要"中有"寒鸡步诀"可参。

③ "鲤鱼跌子"，"跌"原作"撒"，从汪本改。步法名，类似鲤鱼产卵时陡然变向的状态。即左右跌步。

④ "偷步"，指在对方不发觉的情况下，将前脚移到有利位置。一般指左脚左手在前时，左脚前移。按此条至"剔法"条，原在"肘法"条下，今移并于"步法"条。

⑤ "点步、站步、抵步"，三步均是在偷步后，后脚向前圈进踏实并转身，将原前脚提靠在立脚之前。点步是身体直立，前脚虚点。站步是前脚平放，重心在后。抵步是前脚虚，身稍前探，出步即抵住敌人。三种步法均类似于今天的虚步。

⑥ "奸步"，在前脚外开一小步，即是"玄"字步的初步。因其表面看是"让"，其实是"不让"，有诱敌之义，故曰奸步。

⑦ "迈"，原为"卖"，音同而误。迈步，向外迈开之义。或有"卖个破绽"之义，亦通。

梅花步法：梅花步法，有太极图圆活善变、阴阳生克、循环无端之义；前后左右，皆可操练。其步法不要只是兜圈子，要以步步占中心为主。

步法跌人

勾法[①]：勾脚之法，在手不在足，盖以下勾必上推故也。妙在脚尖带起，脚跟粘[②]地，须以快利为主。倘敌人闯满，须跌开一步（能手不必用此法）。

挞法[③]：挞脚之法，手与身脚俱要一齐着力。敌人管脚之时，即以挞法跌之。跌一步，最能取胜（宁可学跌法，不可学挞法）。

提法[④]：此乃破勾脚之法。敌人勾脚之时，我脚虚悬，意[⑤]不必用力，随其勾去之时，一齐压下，则人自跌矣。

颠法[⑥]：颠脚之法，以脚踹人节缝处，以快为主，以后跟着力。

搜法[⑦]（胺，疑是挴字）：此法最难，观敌人之形势，而以膝头一搜跌之，须要攻其空处。

踹法[⑧]：此法亦[⑨]是以脚踹其[⑩]空处，与颠法相似，以脚板用力。

[①] "勾法"，以脚尖向前上勾敌之腿，将其跌倒。须配合手法的牵拉推挽。敌脚插入我腿前时多用勾法破之，亦可用跪法。跪法无须手牵，发力更狠。故曰："能手不必用此（勾）法。"今四川松溪内家拳中的"闪让跌"，即跌一步之勾脚法。

[②] "粘"，原作"站"，形近而误。

[③] "挞法"，以腿脚并配合腰力，向后发力以跌敌，并用手挽拍配合。当敌人边盘管脚时用之。因此法是敌人管我脚时被动使用，而跌法（这里主要指"前双管"）是主动跌敌，故曰："宁学跌法，不可学挞法。"今八极拳、松溪内家拳中的"挂搭"、"翻挞"，即此法。

[④] "提法"，以我之脚虚悬上提，并配合身法向下后以跌敌。当敌人勾脚时用之。

[⑤] "意"，原作"言"，脱笔而误，从汪本改。

[⑥] "颠法"，小步跳跃，以前脚踢踹敌关节处。今戳脚中多颠法。颠法亦可用击步法。击步，是后脚击前脚，在后脚未落地时前脚即跃起颠出。

[⑦] "搜"，原作"胺"，因"挴"而误。"挴"，古"搜"字。殆"肉"旁与"扌"旁草书相似而误。下"搜"字同。"搜法"，是以膝尖撞撤敌人的空虚处，如进洞穴居室中搜寻东西。

[⑧] "踹法"，与颠法相似，用力处在脚板。另外，踹法多取侧身，而颠法则可侧可正。

[⑨] "亦"，原作"不"，草书形近而误，从汪本改。

[⑩] "其"，原作"至"，草书形近而误，从汪本改。

剔法①：剔脚之法，将脚尖悬起，望人脚臁剔去，或望膝尖与节缝边，当用暗力，亦可跌人。

【译文】勾法：勾脚之法，主要在于手的牵挽，不在于脚的勾挂。因为人身之重，压于下肢，一勾何能撼动；故下边脚勾，上边必须手推。勾时，妙在脚尖向上带起，脚跟粘地，必须脆快爽利，不可拖泥带水。假若敌人闯满，紧贴我身，必须用另一脚向外开一步再勾（能手不必用此法）。

挞法：挞脚之法，手与身体、脚部要一齐向后用力。敌人用边管之法管我脚时，即用挞法跌他。向旁迈开一步，最能取胜（宁可学跌法，不可学挞法）。

提法：此为破勾脚的方法。敌人勾我脚之时，我脚虚悬提起，不必用力，随着勾去之势，一齐向他压下，则勾者自然跌倒。

颠法：颠脚之法，是以脚踹敌人的关节隙缝处，如膝、腕等。必须快速爽利，用脚跟发力。

搜法：这种脚法最难。必须看准敌人情势，立即以膝头搜跌之。搜法必须攻敌人所暴露出的空虚之处。

踹法：此法也是以脚踹敌人空虚之处，与颠法相似，不同的是以脚板用力。

剔法：剔脚之法，是将脚尖悬起，朝人正面的臁骨剔去，或朝其膝尖与节缝处亦可。当用暗力，也能将人跌倒。

【按】歌诀所述步法，由于比较简略，释义难以准确说明，仅据校释者理解略释之。今将黄百家《内家拳法》所述步法名称，摘引于下，以便学者参研。

练步者十八：垫步、后垫步、碾步、冲步、撒步、曲步、踏步、敛步、坐马步、钓马步、连枝步、仙人步、分身步、翻身步、追步、逼步、斜步、绞花步。

---

① "剔法"，以脚尖舔踢敌之迎面骨，即臁骨。如刀剔肉，故曰剔法。

手法

五阳三捣手[1]、拂尘手[2]、旗鼓手[3]、挡措手[4]、九流手[5]、倒掏手[6]、八犯手[7]、攻枪手[8]、五擂千金手[9]、骑虎手[10]、九缠三串手[11]、斜插不迎手[12]、迎风铁扇手[13]、金标夺枪手[14]、推枪三换手[15]、双剁斜飞手[16]、回龙倒跌手[17]、七耸高迎手[18]、八字分襟手[19]。

---

[1] "五阳三捣手"，"捣"，原作"岛"，讹借字。"阳"，当为"扬"或"佯"。五、三均为不确定数。此手法，当是以仰手配合捣肘的用法。今八卦掌"二十四势掌"之"摇身捣肘"似之。汪本作"五阳三倒手"，或"倒"即"捯"，即双手依次捯换，以换在下之手击敌；或是上击转倒掏手。

[2] "拂尘手"，取意于道者所持之拂尘，是一种甩手法、掸手法或扫手法。学者不妨以文会意。

[3] "旗鼓手"，是一种由两手共同配合完成的手法。其状为左手如塞旗，右手如击鼓，置于体前。可参看戚继光《拳经捷要篇》中的"旗鼓势"。

[4] "挡措手"，一手仰采在前于旋转中连穿带挽，另一手再向前或削或托，类似于陈式太极拳中的采捌。

[5] "九流手"，"九流"可能是"丘柳"之音误。丘柳势，见戚继光《拳经三十二势》。

[6] "倒掏手"，"掏"，原作"淘"，音同形近而误。此手法先向人面上打，再向下栽击，至裆腹部反转，向后仰拳掏击；也可由敌臂外上裹入，再反转击对方阴腹。如史式八卦掌中的栽捶。

[7] "八犯手"，或即"八番手""八翻手"。待考。

[8] "攻枪手"，敌人手来时，我一手顺势牵挽上引，另一手从其臂下直穿其腋，类似于今天的托枪手。八极拳中有"托枪打虎"。

[9] "五擂千金手"，"擂"或作"雷"，"金"或作"斤"。具体动作不详，是一种重手法。

[10] "骑虎手"，即戚继光《拳经三十二势》中的"跨虎势"，也即今天的虎抱头。

[11] "九缠三串手"，九、三，均为不定数。此手法为各种缠串手法的连环运用。如八卦掌之乌龙摆尾。

[12] "斜插不迎手"，此手为"不招不架，只是一下"的手法。敌人向我击来时，我从其手内、外、上、下，均可直插进去，在化解的同时击敌。

[13] "迎风铁扇手"，以手背击打敌面部之手法。所谓迎风，指迎敌来势，一手压挽，另一手扇敌面。

[14] "金标夺枪手"，汪本作"金枪夺标手"，即短手破长手、长手破短手之法。前手挽拉，后手穿腋。

[15] "推枪三换手"，双手连续交换挽推敌手，伺隙以换下之手前削或上击敌面。连续做三次。

[16] "双剁斜飞手"，"剁"，原作"探"，音形相近而误。为双手向左右劈剁来手，继之回双手向上击敌头颈部。可走内外边门。明唐顺之《武编·拳》："膝捶手，双砍双打双过肘。"今河北绵掌拳中有"大进"手法，均类此。

[17] "回龙倒跌手"，先闪身敌后，转身一手上掠敌手，另一手穿敌腋下后扫，另一脚前勾敌腿以跌之。类似今天的挎篮手。

[18] "七耸高迎手"，敌手来势甚高，我一手高接上牵，另一手下塌敌肋胯。类似戚继光所说的朝天势、唐顺之的高搭手、八卦掌中的指天插地。

[19] "八字分襟手"，当敌人双手出击时，我以双手从外向里往下缠拨、或双手下分勾开，亦可从内门上举双分下掠，继之还击。八字分襟，双手分开像八字，又如分开左右衣襟。

【译文】手法有五阳三捣手、拂尘手、旗鼓手、掤措手、九流手、倒掏手、八犯手、攻枪手、五擂千金手、骑虎手、九缠三串手、斜插不迎手、迎风铁扇手、金枪夺标手、推枪三换手、双刹斜飞手、回龙倒跌手、七耸高迎手、八字分襟手。

【按】此节所述手法及下节肘法，由于时代不同，撰者又只录其名，未作释解，有些今天已很难确知其具体详情。注中对手法的释义，是校释者的一得之见，学者可见仁见智。考作者之所以仅录其名，殆这些手法，应是拳术中的不传之秘。这在明清其他武术文献中多是如此。下边摘引一些明清武术文献中的手法，以便学者参考。

唐顺之《武编·拳》：手有上、中、下。切、斫、钩扳、挽金手，高立格扬逼攻抖。盘旋左右脚来踳（chuǎn），调出五横三推肘。你行当面我行旁，你行旁来我直走。倘君恶狠奔当胸，风雷绞炮劈掛手。膝捶手，双打双砍双过肘。左右走手怕边拳，调出飞虹忽捉手。喝声打上下头虚，顾下还须上捉手。这些真诀是原传，还有通仙六只手。旗鼓拳，闪横拗步脚上前。高怕黄莺双拍手，低怕撩阴跨裆拳。挨靠紧追休脱手，会使斜横抢半边。

圆光手、四平手、腮肩手、高搭手、沉坠手。

黄百家《内家拳法》：练手者三十五，斫、削、抖、磕、靠、掠、逼、抹、芟（shān）、敲、摇、摆、撒、镰、攒、兜、搭、剪、分、挑、绾（wǎn）、冲、钩、勒、跃、兑、换、括、起、倒、压、发、插、剔、钓。

尊我斋主人《少林拳术秘诀》：

牵缘手：此即双推手之变化。方法用左右手作回环护拦之势，其两手指端至熟练时，必作连环式。此手能练圆时，则指臂灵活，一切手法，皆迎刃而解。

缠手：此手又名阴牵缘手，与前手稍不同。前手阴阳互用，此手纯用阴。前手作正面势，此则作侧势。譬如左手朝前缠，右手则从腋下尽力格出。如是循环，或左右练习，自能有功也。

长短分龙手：北派最喜练此手。其法以用手左右分排，如左长则右短，右长则左短。故又名排闼（tà）手。江湖卖技者，则名此为开门手。

剪手：此手阴辟阳开，相叉如剪，故名为剪手。

斫挑手：又名切手，取如刀之切物也。此手有双斫、单斫之分。单斫则一手挑拨，一手斫击敌人之膀肉及脉根、耳部或腿部等处。双斫则双手长短齐出，带挑带斫，极为便捷可法。

托手：黔派名为天托手。操练时，亦宜左右分演。如左手托上，右手则向身侧勾拨而下；右托则左手亦如之。故又名为前托而后勾。托用掌心力向上托起，若端长木盘然。勾用腕力、指力。

插手：又名点手，分为掌插、指插、骈指插、三指插等。

肘法

里弯肘[1]、外迎肘[2]、蹲坐肘[3]、下挫肘[4]、后捣肘[5]、占阴肘[6]、挑心肘[7]、挤肘[8]、（泰）山压肘[9]、团肘[10]、头肘[11]、羊蹄肘[12]、肩肘[13]。

【译文】肘法有里拦肘、外迎肘、蹲坐肘、下挫肘、后捣肘、占阴肘、挑心肘、挤肘、泰山压肘、团肘、头肘、羊蹄肘、肩肘。

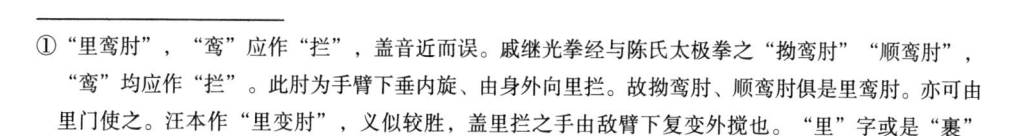

---

① "里弯肘"，"弯"应作"拦"，盖音近而误。戚继光拳经与陈氏太极拳之"拗弯肘""顺弯肘"，"弯"均应作"拦"。此肘为手臂下垂内旋、由身外向里拦。故拗弯肘、顺弯肘俱是里拦肘。亦可由里门使之。汪本作"里变肘"，义似较胜，盖里拦之手由敌臂下复变外搅也。"里"字或是"裹"字，则"裹变肘"义亦胜。
② "外迎肘"，此肘法为曲肘由身前向外迎击，方向为直或斜向上。
③ "蹲坐肘"，敌人以膝脚击来，我稍外闪蹲身下坐，以肘下截。
④ "下挫肘"，此肘法与蹲坐肘稍异，为原地蹲身下坐，以截击敌膝足，或破敌从下之来肘。
⑤ "后捣肘"，转身曲肘向后捣敌胸、肩、背等。
⑥ "占阴肘"，低身下势，以肘击敌裆部。此肘法须取伏势，较难应用。
⑦ "挑心肘"，曲肘从内门由下向上挑击敌心口；须另一手牵挽敌手，并身法、步法相配合。
⑧ "挤肘"，当敌败走或后退时，进步横肘前挤，为贴身近使。今太极八法中有"挤"势。
⑨ "（泰）山压肘"，由内门或外门，屈肘下压敌头、颈、胸、肩、肘、臂，须配合全身之力。
⑩ "团肘"，两臂曲屈相抱，两肘向前旋转摆动，如扇转、转身肘等。形意拳中有"白牛转角"。
⑪ "头肘"，双手由肩上后伸，将双肘置于头两侧以运用，如八极拳中的双羊顶。
⑫ "羊蹄肘"，又称梭肘，即双肘轮番于胸前下击。
⑬ "肩肘"，双肘与肩平齐，同时向两侧顶出，如双撑肘。

身法操持

凡与人对敌之时，身法带缩，腰法带弯，偷步宜快、宜活，须以脚趾①粘地，两手必换护，两眼必须射敌人。身手一动，即以身法、步法，击其②空处。此秘法之要诀也。

附原歌诀：与人对敌要推详，身体从容不须忙。破敌全凭一双眼，躲拳须要侧身③防。他拳放过须忙进，腋下轻舒难抵当。若要短打敌长手，跟身到腋是良方（身法总是一个横行直撞，即所谓"侧进身偏"也）。

审势④：与人对敌之时，总要攻其空处。空处何？两胁、胸、腰与腋，并腿心⑤、脚腕是也。能攻空处，则敌人无所用其力，自能百法百中，则所谓"避实击虚"之法也。对敌之时，敌人一动手，须要认手理清⑥，方为妙法。

粘身：与人对敌之时，须要平心静⑦气。敌人一动时，则以脚踏进，更以我之手、肩，粘住人胁边，转身一齐着力，则人自难逃闪矣。

到身⑧：到身之时，手、身、肩、膊、臀，与大腿、膝头，须要一段⑨而进，更要一齐着力。前后手要相应，前后脚亦要相应。前手用四分力，后手用六分力；前脚用四分力，后脚用六分力。后手第一要曳得紧，后脚第一要拴⑩得直。以后脚过⑪身法，以身法送前手，又以后手曳住，须以勒马状样。故知拳家之定舵，须在一只后手，要领会也。后脚拴得直，所谓"势去"也；后手⑫曳得

---

① "脚趾"，指小脚指外侧。
② "其"，原作"至"，草书形近而误。
③ "身"，原作"手"，草书形近而误。从汪本、方玉泉本改。
④ "审势"，辨清敌人的来势。
⑤ "腿心"，膝后弯。
⑥ "理清"，对敌来手，采取相应的手法，如推、托、挽、拉、挂、领，顺势接破。
⑦ "静"，原作"舒"，从汪本改。
⑧ "到身"，逼近敌身。
⑨ "一段"，一体，整体。
⑩ "拴"，顶也。犹如门之有顶杠。
⑪ "过"，传递。
⑫ "手"，原作"脚"，误。

紧，所谓"势来"也；一段而进，所谓"百骸筋骨一齐收"①也。煞手之时，用力须在眉间一线，所谓"一身精力在眉尖，咬牙带皱山也愁"是也（又名"眉尖带蹙心最狠"也）。

一片②：身法一片，须是以我之肩膊，挟住人胁；以我之手肘，垫住人腰；以我之臀，贴住人臀；以我之腿，夹住人腿；以我之膝头，击人之腿腕③。俱要一齐直射、一齐着力，不可稍有先后。脚法是颠④，此一片之法也（又云"拳法要神形一片，左右烂熟，齐进齐退"，思过半矣）。

【译文】与敌人对搏的时候，身法要紧缩，腰法要如弓弯。身腰的缩弯，须含有蓄劲。偷步要快、要活，要以脚小趾外侧粘地，不可轻飘。两手必须换着护住胸胁，两眼必须直视敌人。敌身手一动，立即以身法、步法，攻入敌人空虚之处。这便是身法操持的秘法要诀。

附原歌诀：与敌人对搏时，当如何做，要仔细推究周详；心中要从容不迫，身体也不要慌忙。破敌全凭一双眼睛，以明察秋毫；敌拳来时，要侧身躲过，让中不让。躲开敌拳，须急忙逼进其身；此时他腋下空虚，轻轻舒手他便难以抵挡。若要问短打胜长手的奥妙，那么跟身到步，直入腋下，便是良方（身法总是一个横行直撞，此即歌诀中所说的"侧进身偏"之义）。

审势：与敌人对搏时，总要攻其空虚之处。空虚之处在那里？那就是两胁、胸、腰、腋下，还有腿弯、脚踝等处。能攻敌人空处，他的力便不能发出来，我自能百发百中。这就是所谓"避实击虚"之法。对敌之时，敌人一动手，我要认清其来手，并从容顺势接化，方是妙法。

粘身：与敌人对搏时，要平心静气。敌人一动，我即以脚踏进，再以我的手、肩粘贴在他的胁边，然后一齐转身用力，敌人便难以逃闪躲开。

到身：当我逼近敌身时，手、身、肩、胳膊、臀与大腿、膝头，须要一体而进，不要脱节，更要一齐用力。前后手要相应，前后脚也要相

---

①此处引文见"问答歌诀二十款"之一。
②"一片"，指身法的进退要一体而动，不可脱节。
③"腿腕"，指腿心，也就是后腿弯。
④"颠"，颠跳步。见前注。

应。前手用四分力，后手用六分力；前脚用四分力，后脚用六分力。后手第一要拽得紧，后脚第一要撑得直。以后脚送出身法，以身法送出前手。又以后手拽住，要像勒住烈马的样子。由此可知，拳家之定舵，须在一只后手。要领会这句话的含义。后脚顶得直，这就是所说的"势去"；后手要拽得紧，就是所说的"势来"；一体而进，就是所说的"百骸筋骨一齐收"。煞手的时候，用力须体现在眉尖一线，此即所说的"一身精力在眉尖，咬牙带皱山也愁"（又名"眉尖带魔心最狠"）。

一片：所谓"身法一片"，是指以我的肩膀、手臂，抵住敌人的胁部；以我的手肘，垫在敌人的腰部；以我的臀部，紧贴敌人的臀部；以我的大腿，夹住敌人的大腿；以我的膝头，抵住敌人的腿弯。都要一齐直射，一齐用力，不能有先后。脚法须用颠桩步。这便是"身法一片"的真正含义（又说："拳法要神行一片，左右烂熟，齐进齐退"，如此才算是大概领会了"一片"的含义）。

用力

周身用力，逐一细推：头如顶千钧，颈如搬树转，下颏如龙戏珠而挺出，肩膊如铁浑坚而陡来，前手如推石柱，后手如扯拗马，前脚如万斤之石压，后脚如门闩之坚抵来，臀如坐剪夹大银[1]，身如泰山无可撼。此周身用力之妙、摹神设想[2]之巧者也。

一线[3]：一线用力者，"见肉锋伤"之言也。此须以意会，而不可以言传。譬如与人对敌之时，自己先已慌张，力皆先出，则到身之时，必无力矣。须于未敌时，平心静气，若毫不介意；待敌人动手之际，而我方分分清清，一片射进。通身之力，用在一时，如舞锥子钻入，牙齿带咬，眉尖带魇。此所谓煞手之妙也。

---

[1] "大银"，银元宝。
[2] "摹神设想"，是对以上身体各部用力时的形象化比喻。
[3] "一线"，指用力时要以合力发出，力走一线。

借力：敌人进来之时，雄狼①难当，而我须两眼认清，或用躲、或用闪，借其势而跌之。所谓"见势因之跌更奇"②也。

偷力：敌人来时，纵然雄狠，而我须于软处或节缝处斗之，则彼之力无所用而我得以伸其力矣，故谓之偷力。

【译文】周身用力之说，要逐一仔细推敲：头上竖要有顶千钧之力，颈梗如搬大树走转，下颏稍抬如骊龙戏珠以挺出，肩膊浑坚要如铁铸钢打而陡来。前手要如推石柱而进挺，后手要如扯烈马而挽来，前脚要如万斤石压下，后脚要如门杠坚挺前抵。臀下坐时，两腿相交如剪子股、两胯紧裹如夹一大元宝；身要稳健如泰山，狂风巨浪不能撼摇。这便是借物象作比喻，以描摹设想周身用力时的巧妙情形。

一线：指一线用力，"见肉锋伤"就是说的此义。此只能意会，不可言传。譬如与人对敌之时，自己先已惊慌失措，力皆先出，那么到了敌人身旁，必然已经无力了。须在未交手之时，平心静气，毫不介意；等到敌人动手之际，方能分辨得清清楚楚，然后身体一片射进，通身之力在一时发出，像舞动利锥钻入其体，咬紧牙关，皱起眉尖，这才是所谓的"煞手"之妙。

借力：敌人进来之时，勇猛凶狠，难以抵挡。此时我须认清来路，或躲避、或闪开，并借其来势将其跌出。这就是歌诀所说的"见势因之跌更奇"的含义。

偷力：敌人攻来时，纵然雄狠难挡，我若趁其疏忽时，冲敌人的软处、或关节处，突然攻击。关节一伤，敌人的力便无所用，而我的力便可随意发出，所以叫作"偷力"。

---

① "狼"，原作"很"。
② 此句见"问答歌诀二十款"之十五。

走场①

大凡进步，后脚必从前脚跟边出，脚到务要比前脚过三四寸。去时不可直挺，脚膝微②弯，要循腰藏阴，而脚尖不可过勾向里，脚指不可离地。两膝要分阴阳，不可平分，似瘸腿样③，名曰"巽风腿"④。到时⑤一齐压下，身法要直竖带偏，胸必开，背必合，臂⑥必挟，头与颈必直竖而带逼⑦转。两目精神，紧望敌人眼，手腕略带弯，不可⑧直挺打下。神意⑨必望敌人面直拴至胸前，通身一齐着力，所谓"百骸筋骨一齐收、一齐放"也（又，拳以猛快为主，所谓"迅雷不及掩耳"⑩也）。

【译文】走场之时，凡是进步，后脚必须从前脚内侧迈出，落地时，要超过前脚三四寸。而前脚先出时，不可直挺，要腿膝微弯，并贴着腰、护着裆；落地后脚尖也不可过于向自身里勾，脚小趾外侧不可离地；两膝要有高低阴阳之分，不可平齐，就像瘸子的腿一样，这种腿称为"巽风腿"。后脚圈近敌身时，整个身躯要一齐压下。身法要直竖而略带偏转，胸必须开成一片，背必须稍前合，两臂必须夹裹，头与颈必须直竖而略带逼转，两目宜精神贯注紧盯敌人，手腕略上挺带弯，不可直挺打下。打时精神意念，要从敌人头面直拉向他的胸前。这种全身一起用力的打法，便是歌诀所说的"百骸筋骨一齐收、一齐放"之义（又，拳以快猛为主，这便是人们所说的"迅雷不及掩耳"）。

---

① "走场"，也叫"上游场"。古人习拳到一定阶段后，要出门找人切磋技艺，以试所学。场，较艺时的场地。这与生死对搏不同，亦关乎名声。
② "微"，原作"渐"，从汪本改。
③ "似瘸腿"，原作"蕨似腿"。"瘸"先误为"蕨"，复倒置。"瘸腿样"，指一腿半立、一腿虚悬之状，是八仙中铁拐李的腿法。
④ "巽风腿"，像风一样顺遂。《巽》，为八卦之一，上两阳爻，下一阴爻，于方向为东南，于物为风，于物性为顺，于人体为腿。
⑤ "到时"，后脚进到敌人身边时。
⑥ "臂"，原作"臀"，形近而误。从汪本改。
⑦ "逼"，原作"偏"，从汪本改。
⑧ "可"字原无，从汪本补。
⑨ "意"，原作"至"，从汪本改。
⑩ 此句见戚继光《纪效新书·拳经捷要篇》。

走盘①

眼要着意分明，认手、认腿、认势，身法②要活动，进退要得宜。腿法务要飞腾，步③法要轻浮④坚固，手⑤法要健力。颠桩⑥带腿，欲其速也；披撤横拳，欲其猛也；活捉朝天⑦，欲其柔也。

【译文】走场盘转之时，眼要清楚明亮，认准敌人的来手、来腿、来势。身法要圆活灵便，进退要恰如其分；腿法务要翻飞腾跃，步法务要轻灵坚固，手法要劲健有力。桩步颠跳，带腿而进，为的是进攻迅捷；直披斜撤，横拳扫击，为的是凌厉凶猛；活捉左闪，朝天右败，为的是身法柔韧，快速接敌。

【按】此段文字，是从戚继光《拳经捷要篇》脱胎而来，然有脱文则无疑。为了保持此节的完整性，故仍按原文释解之。然读者必须知道："活捉朝天"是为快捷，"斜行闪步"才是柔接之法。

又【按】良轮本《张横秋秘授跌打抓拿法》，与本《拳经》为一个系统，有与此相近的一段文字，亦是从戚继光《拳经捷要篇》脱胎而来，并节引之于下，以为参考。

戚继光《拳经捷要篇》：学拳要身法活便，手法便利，脚法轻固，进退得宜，腿可飞腾。而其妙也，颠番倒插；而其猛也，披劈横拳；而其快

---

① "走盘"，较艺时，两人按一定的盘口，前后左右盘旋，故称走盘。类似于今天的对练。
② "法"，原缺，从汪本改。
③ "步"，原作"手"，误。见"拳法备要·步法指要"。
④ "轻浮"，轻灵坚固。如水之漂物，既灵动又有浮沉力。浮，灵动，非轻浮义。
⑤ "手"，原作"脚"，从汪本改。良轮本作"手要健利"。
⑥ "颠桩"，颠桩步。脚步跳跃稍低的一种步法。
⑦ "活捉朝天"，明清武术中两个势子的名称，能快速接敌来手。活捉势：左脚半立，右脚虚点，左手放在右肩外，右手放在左腰下，眼向右回看敌人，类似太极拳中的"抱球"、八卦掌中的"叶底藏花"。朝天势：有二法。其一左手上穿，右手放左腋下，类似于八卦掌中的"指天插地"。其二，右脚站立，左脚虚并，右手上举，左手附于右腋下，眼向左回看。以上两势，均可左右互用。

也，活捉朝天；而其柔也，知当斜闪①。

《张横秋秘授跌打抓拿法·拳说小略》：拳说多端，不能备述，其中利弊，间可条呈。拳技之学，似无损益于战阵之功，不知坚硬手脚，活动身体，为初学入艺之门也。故存其事，著于书，以传于后世。拳者，活动手足，健利其手，轻固其脚，习而练之，然后乘隙捣虚，跌因打便，无不合法。而其妙也，颠翻倒插；而其猛也，劈砍抓拿；而其快也，活捉朝天；而其柔也，偏闪斜侧。广罗众善，遍访诸贤，择其最者，试而用之；果合理而循法，采合从之，自然手足相顾，形势相连，心眼相通，应敌制胜，变化无穷。

总论入身煞手②迅猛③精微秘要

【题解】此篇乃上篇拳理的深化和扩展，进一步论述"入身""煞手""迅猛"应该把握和遵循的要领和准则。然而要达到"精微"的境界，仅掌握以上三点还不够，还必须做到"刻入"，而这种"刻入"，必须是神行一片的"刻入"。此篇既然是对上篇的阐发和深化，因而更加细致入微，可与以上相关章节对读。

拳法之精微④，须要功夫到十分。然有十分功⑤夫，而拳法仍不及精微者何也？入身之要处，未造其极也。然则入身之妙在何处？其法在探步上见之。假如阵中对垒时，必先用个探子，观其虚实，然后可以进兵。苟不用打探而妄杀入⑥，未有不受其亏者。又如船家往左往右，其妙不在船头，而在船舵。船头往何处，即将船舵一摆便是。

今试言⑦其妙：凡与人对敌之时，或走左盘，或走右盘，或走中盘，或走外盘，须要审定敌人形势。即如左右盘，其脚便要探在他人脚外边，以我脚尖

---

① 以戚氏拳经与张氏拳经对照，两者除相同外，又有文相似而义有别者。如张氏拳"颠桩带腿"，讲的是步法；戚氏拳"颠番倒插"，讲的是腿法。
② "煞手"，瞬间发力击打，或称"杀手"。《苌氏武技书》称"伱力"。
③ "迅猛"，原作"猛迅"，据文中"至于迅猛要处"句并参拳理改。
④ "微"，原作"渐"，据上下文句改。
⑤ "功"，原作"工"，据上句改。
⑥ "入"，原作"人"，形近而误。
⑦ "言"，原作"之"，两字草书相似而误。下有"试言其神"可证。

对彼脚尖，又不可过远过近，须离三五寸为规。过近则翻身无势，而两相触矣；过远则翻身不满，而人必不倒矣。即如中盘，其脚更要探在人脚里边，亦以三五寸为程。至若外盘，其探一步最宜快捷，须要似跌步样。总之探步之法，宜快宜活，宜轻宜浮，不可作意①，不可露形，此乃入身之妙也。

然则煞手之神，又在何处？其神在眉尖见之。譬如耕种之家，三岁孩童，俱在田间用力，而一家之大小，无不用力可知矣。人之一身，眉尖上面有何力处，而眉尖亦似用力，则一身之用力不待言矣。试言其神：大凡理手②行拳，未煞之先，毫不用力，犹如风吹杨柳，柔软无对③。及至煞手之时，正如天神下界一般，浑身如铁而不可犯，双眉带蹙，牙根似咬，两肩④如山之陡来，一身如石之坚固，而又非若努筋面赤者之妄用其力也。其用力时，在煞手一刻，其神处在眉尖一线，所谓"一线之力在眉尖"是也，即所谓煞手之神也。

至于迅猛要处，总是未入身之时，须要缩在一毯；既入身之后，一身俱可着力鞭开。双眉带蹙，牙龈似咬，身法是直撞，脚法是颠桩，浑身尽是一片射入，此所谓迅猛之要也。

至若合此三者，更能得一段神气，射进之时，更能"刻入"几分，如此始⑤可论精微矣。

刻入二字，最⑥要理会。如射进身时，不能满到十分，便不可言刻入；不至射到十分，亦不可言刻入；即人射之数丈，而我之精神便止，犹不可言刻入二字之精微也。刻入，犹如我之一身，尽要射至人心肝胆肺里，才为快之，方是刻入。

【译文】拳法要做到精微，必须功夫达到十分。然而有的人功夫到了十分，而拳法仍未达到精微的境界，这是为什么呢？这是入身的要处，还没有达到极致。那么入身的关键体现在何处呢？在探步上体现。譬如两军对垒时，必先派出探子，以观察对方的虚实，然后才可以进军打仗。假如不先去打探，而是草率进兵、妄自杀入敌阵，没有不吃亏的。又如船家行

---

① "意"，原作"言"，从汪本改。
② "理手"，对来手接化、处理。汪本作"里"。
③ "对"，原作"力"，据汪本改。
④ "两肩"，原作"而眉"，形近而误。从汪本改。
⑤ "始"，原作"起"，草书形近而误，据汪本改。
⑥ "最"，原作"再"，从汪本改。

船，往左还是往右，其关键不在船头而在船舵。船头欲往何处，即将船舵向相反方向一摆即可。

现在尝试讨论探步之妙：凡与敌人对搏时，或走左盘，或走右盘，或走中盘，或走外盘。至于该走哪盘，应该根据敌人来势而定。比如走左右盘，我脚须探在敌人脚外边，以我脚尖与敌人脚尖相对，又不可过远或过近，以离三五寸为宜。过近则翻身无势，而与敌人相触碰；过远则翻身不到位，而不能跌倒敌人。再如走中盘，我脚更要探在敌人脚里边，也以三五寸为宜。至于外盘，探出之步，更宜快捷，须与跌步相似。总之，探步之法，宜快、宜活、宜灵巧、宜有浮沉力，不可有意为之，不可露出形迹，这便是入身的妙处所在。

然而煞手的神奇，又体现在何处呢？其神在眉尖一线。譬如农耕之家，三岁的孩童都在田间劳动，其一家大小都在努力种田，便可想而知了。那么人之一身，眉尖上本没有可以用力的地方，倘眉尖上也似用力，其一身都用力，自不待言。再说煞手的神情表现：大凡接敌来手，进而出拳，没下煞手之前，毫不用力，就像风吹杨柳，没有比它再柔软的了。等到煞手的时刻，正如天神下界一般，浑身如铁而不可冒犯，双眉紧锁，牙根似咬，而双肩如山一样陡然冲来，其周身像石头一样坚固，但又不像那些筋脉暴起、面红耳赤的莽汉妄用自己的身力。行家用力时，在煞手的一刹那，其神情体现在眉尖一线，这便是歌诀所谓的"一线之力在眉尖"，也就是我们所说的煞手之神。

至于迅猛的关键，总是在没进入敌身之前，我周身须缩作一毬；待进入敌身之后，整个身子都要像鞭子一样尽力抖开，双眉带慝，牙龈似咬，身法是直撞，脚步是颠桩，浑身都是整体射入，这就是所说的迅猛之关键。

如能将上述三点，即入身、煞手、迅猛的奥妙都已掌握，再能做到神行一片，并在射入敌身时再能"刻入"几分，功夫至此境界，方可进一步讨论精微。

对刻入二字，最要体会。如射进敌身之时，不能紧贴紧粘、抢满到位十分，便不可以说已做到了刻入；虽然抢满了，但不能尽力鞭开射到十分，也不能说是已做到了刻入；即便是已将敌人射出数丈之外，而我的精神便已停止，依然不能说已领会了刻入二字的精妙。刻入二字的确切含义，是犹如我的一身全都要射进敌人的心肝胆肺里，才算快意，才是真正意义上的刻入。

论八面肩头

【题解】此篇所论述的是八种肩法的运用和注意点。所谓"八面"，即八种之义，因肩的运用，必须凝成一体，故曰八面。古人较技，非常重视肩法的运用，这是因为肩头之力甚大，而且肩是贴身靠打最有力的武器。诚如歌诀所云："一身筋力在肩头，带靠陡来山也愁。"

【按】此八面肩头，第七八原为"凝挺肩"，即今天所说的"抖肩"。凝挺肩用处较多，凡抖劲、崩炸劲、凌空劲、寸劲等瞬间攻击之力，必凝挺肩头才能发出。故凝挺肩不可截然分开，挺前必有凝，无凝则挺力难发出，无挺则凝之无意义。所以将凝挺肩分为第七、第八，甚不合情理。原来或非如此，可能某一肩法久佚，后人将凝挺肩分为第七、第八；或是拳家为了保密，故意隐去一肩。此将凝挺肩合为第七，取张氏拳神妙之滚肩法，标为第八。

八面肩头的用法，有些与戚继光《拳经三十二势》有相似之处，引于相关条目下以备参考。

第一　直肩①

直肩是一闩用法②，其肩是陡然相冲，与臀一片，即横冲直撞之法也。直肩，后手后肩直出，其③弊在松。

【译文】肩头平行直进的肩法称为直肩。直肩前臂上竖，在肩的助力

---

① "直肩"，肩头平行直进的肩法称为直肩，主要用于撞靠敌人。直肩不是耸肩，两者要区分开来。
② "一闩用法"，明清武术术语，其中分腿法之闩、手臂之闩及身法之闩。指以我之臂腿身，像门闩一样紧抵敌人一定部位，以达到控制敌人、同时靠击敌人之目的。可走内外门。此处所说的"一闩用法"是指臂闩，即前臂竖起，与肩相合，向前闩撞；也可臂下垂向前靠撞。可参戚继光《拳经捷要篇》之"中四平""兽头势"。又，闩或是"闪"字之误。一闪之后，直肩相撞，亦是通行着法。
③ "其"，原作"至"，两字草书相近而误。以下各条均作"其"可证。

下，像门闩一样靠撞敌人，即闩法；亦可臂下垂向前靠撞。直肩用时要陡然相冲，肩与臀连成一体，上下合力，即人们常说的横冲直撞之法。使用时，前手挽住敌手，后手后肩直进靠出。直肩的关键是直逼硬靠，倘肩头松软，则闩撞无力，便为弊病。

戚经光《拳经捷要篇·兽头势》：兽头势如牌[1]挨进，恁快腿遇我慌忙。低惊高取他难防，拽短披红冲上。

第二　压下肩[2]

压下肩头是一披法[3]，其肩如山压下，要身法一齐而进。压下是身法撼进，其弊在观音崖[4]。

【译文】肩头前压的肩法称压下肩。压下肩用于以上臂和前臂向下披切敌人，即披法。其肩要如山压下。使用时肩要与身法一齐而进，不能脱节。压下时身法要勇猛有震撼力。压下肩的关键是个"压"字，肩要凸出，倘肩头垂削，则为弊病。

戚继光《拳经捷要篇·抛架子》：抛架子抢步披挂，补上腿哪怕他识。右横左采快如飞，架一掌不知天地。

---

[1] "牌"，盾牌。
[2] "压下肩"，指肩头向前压下的肩法，主要用于披劈、下栽、按压之法。
[3] "披法"，明清武术术语，指以上臂和前臂外侧抽斫敌人之法。多走外门，亦可走内门。其与"劈"音同而义异。劈的发力为掌下缘，披的发力主要为上臂和前臂外侧。劈如斧，披如刀。披揭常连用。
[4] "观音崖"，古代窑炉烟囱下部加固之构筑物，为使其有抵力，上部常砌成斜坡形。这是借用观音大士之肩形而命名。以观音崖形容压下肩之弊，乃指肩头软塌削垂而言。

第三　倒后肩[①]

倒后肩头是一揭法[②]，其肩带靠[③]，从下揳[④]起，须要身法一片。倒后肩最[⑤]宜得势[⑥]，其弊在脚不能紧跟。

【译文】肩头向后斜行的肩法称倒后肩。倒后肩用于以掌、臂、肩揭打敌人，即揭法。使用时，肩要有向后靠撞之力，由下向上如楔子揳入一般，必须身法一致，不能脱节。倒后肩若能借助披时身法下降的反作用力，则更具威力，其关键是后脚向前跟进，后脚不能跟进则力不整，便为弊病。

戚继光《拳经捷要篇·拗单鞭》：拗单鞭黄花紧进，披挑腿左右难防。抢步上拳连披[⑦]揭，沉香势推倒泰山。

---

① "倒后肩"，肩头向后斜行的肩法称倒后肩，主要用于揭法。
② "揭法"，明清武术术语，指以掌、臂、肩，向前、向后扫撞敌人的方法。披揭常连用，先披后揭，其法多走外门。揭与挑意义有别。挑的力点在掌尖和虎口一侧，劈后多继之以挑。
③ "靠"字原无，据肩法补。
④ "揳"，原作"胁"，从汪本改。
⑤ "最"，原作"再"，据汪本改。
⑥ "势"，原作"力"，据汪本改。
⑦ "披"，某些版本作"劈"。

第四　倒前肩①

倒前肩头是闭阴②用法，其肩带靠③，从上颏④而臂⑤送进，须身手一齐。倒前肩最⑥宜投虚，其弊在脚不能垫进。

【译文】 肩头由上向前下运行的肩法称倒前肩。倒前肩用于封闭己裆以防敌人攻击，并马上向前扫击敌人裆部，即闭阴（扫阴）法。使用时，其肩须带有向前靠击之力，手臂由我上颏插下，再向前送进。须身手一齐而进。倒前肩若能趁敌人下部空虚时使之，则更显威力。倒前肩的作用是向前堵打敌裆，倘前脚不能垫进一步，不仅不能击敌，而且有前跌之虞。

戚继光《拳经捷要篇·神拳》：神拳当面插下，进步火焰钻心。遇巧就拿就跌，举手不得留情。

---

① "倒前肩"，肩头由上向前下运行的肩法称倒前肩。倒前肩带动手臂，可封闭自己的阴部以防敌击，又可反击敌阴。
② "闭阴"，明清武术术语，指在肩的带动下，以拳掌向前下插打敌裆，也可闭住我裆以防敌击，多走内门。请参"六节迷拳·第五节·闭阴扫阴"，戚继光《拳经捷要篇·神拳》、八卦六十四掌之"野马闯槽"，俱是闭阴用法。闭阴、扫阴多连用，即闭住我裆后马上向前撩打敌裆。
③ "靠"字原无，据肩法补。
④ "颏"，原作"胲"，形近而误。
⑤ "臂"，原作"臀"，汪本作"兼"，均非。据方玉泉本改。
⑥ "最"，原作"再"，据汪本改。

第五　射起肩①

射起②肩头，是从下揳③起，展翅④、戏珠⑤俱用，须要由缩而伸⑥。射法，后手要曳紧，其弊在前⑦脚空虚。

【译文】侧身取势，肩头像楔子一样，从下向侧上斜行的肩法称射起肩。射起肩主要用于像凤凰展翅一样以手臂击人，或像探骊戏珠一样以仰拳击人下颌、咽喉，此即展翅和戏珠。使用时，身法要从下向上揳起，要先收缩再出击。射时，后手要拽紧。射起肩的关键是前脚要踏实有力，倘前脚空虚，则为弊病。

【按】请参看本书"六节迷拳"之"凤凰展翅""乌龙戏珠"。
戚继光《拳经捷要篇·旗鼓势》：旗鼓势左右压进，近他手横劈双行。绞靠跌人人识得，虎抱头要躲无门。

---

① "射起肩"，指侧身以肩头向上斜行的肩法，主要用于展翅和戏珠。
② "起"，原作"法"，据标题及汪本改。
③ "揳"，原作"胁"，据汪本改。
④ "展翅"，明清武术术语，指肩臂、手像鸟展开翅膀一样向前、向上击敌。既可从敌臂下穿入以跌人，也可从敌臂上击敌胸颈面部。此法多走外门。
⑤ "戏珠"，明清武术术语，指以仰拳由下向上勾击敌咽喉、头面部之法，多走内门。珠，指人胲下。旧传骊龙颌下有珠。
⑥ "伸"，原作"入"，据汪本改。
⑦ "前"，据汪本补。

第六　陡起肩①

陡起肩头，虽②与倒后肩头相似，而略带斜裹，横拳③用之，须是连身一齐。陡起是抽④撞式，其弊亦在⑤观音崖。

【译文】陡然后起的肩法称陡起肩。陡起肩与倒后肩相似，有所不同的是陡起肩略带斜裹，而倒后肩是斜直而出。陡起肩用于以横拳抽打敌之胸、头、颈、面，即横拳法。使用时，肩须连身一齐抖出。陡起肩是抽撞式，即抽打撞击之义。此肩关键是向后斜裹，倘肩垂膀缩，则为弊病。

戚继光《拳经捷要篇》：披劈横拳，欲其猛也。

第七⑥　凝挺肩⑦

凝挺肩头，最要摩练，其身法、脚法并八面肩装⑧，皆从此化出。其肩⑨是浑身会意一坐，两边一凝一挺，贯⑩出通身脉力，须会"百骸筋骨一齐收"矣。身要竖⑪，略弯便是弊。凝挺肩头，坐亦可想，立亦可练，阔狭短长，无不可

---

① "陡起肩"，指肩头陡然后撞的肩法。其与倒后肩的不同之处在于其略带向后斜裹，主要用于横拳。
② "虽"，原作"须要"，据汪本改。
③ "横拳"，明清武术语，指以拳臂横向扫击敌人之法，有内横外横之别，常与披劈连用。
④ "抽"，原作"柔"。方玉泉本作"由"，盖"抽"字脱笔为"由"，又因音近而误为"柔"。
⑤ "在"，原作"带"，据汪本改。
⑥ 此目原作"第七八凝挺肩"，察其文意，凝挺本为一肩，不当作两肩。殆是原第七、八两肩文字窜脱后又合并所致。今删去"八"字作"第七凝挺肩"。
⑦ "凝挺肩"，即现在常说的抖肩。
⑧ "肩装"，在肩力的带动下所运用的各种技击方法。装，装备、配备。
⑨ "肩"，原作"有"，形近而误，从前几节文字的相关性可证。
⑩ "贯"，原作"实"，繁体形近而误。据汪本改。
⑪ "竖"，原作"盘"，据汪本改。

学。其弊在仰后仰前①,须要条直。

【译文】在极小范围内双肩瞬时抖动发力称为凝挺肩。其肩法最要揣摩习练,许多身法、脚法和八方运用的各种肩法、手法,都要先有肩头的凝挺,然后才能发出。练习此肩法时,在意念的引导下,身体向下一坐,然后左右两肩一凝一挺,须贯出通身脉力。此时须要领会歌诀"百骸筋骨一齐收"的含义。此肩法坐时可以意念练,立时也可微抖双肩练,不受地点长短宽窄的限制,随时随地都可练习。凝挺肩的关键是身腰必须竖直,俯前仰后,身体歪斜,都是弊病。

第八　滚肩②

滚肩如车轮之状。戏珠用射起肩,用滚肩更妙,俱无人识耳。

【译文】滚肩像车轮一样来回滚动。左右躲闪、由后向前勾打、由前向后败出,用滚肩更为圆转洒脱。戏珠之法虽可用射起肩,但用滚肩更显巧妙,只是很少有人认识到这点罢了。

张横秋先生传授习练身③法秘要

【题解】该篇包括三种练身法:口传练打诸法、论闪法、三盘闪法,多是关于身法习练和应用的秘诀和窍要。有总括,有分述,提纲挈领,条分缕析,非常实用。而三盘闪法,更要与"下盘细密秘诀"对读,方有深

---

① "仰后仰前",殆是明清人习惯用法,犹今日"俯前仰后"。
② "第八滚肩",原无,是校释者根据张氏八仙拳等相关内容所增补。释文是从"迷拳用肩法"文字转引,未作丝毫更动。滚肩,双肩作弧形滚动的肩法,多配合身法以运用,常用于闪躲回击。请参看《八仙歌诀》中的"汉钟离"图式中的"葫芦式"。
③ "身",原作"手"。殆两字草书相近而误。从目下小序及通篇讲的全是身法可证。汪本、方玉泉本均作"身"。

切领悟。且三步练身法与三盘闪法，实为姊妹篇，互为补充，相得益彰，分之为环燕，合之为夷施。

　　拳家秘要，总要一个身法。身法者，亦如用兵之有主将也。然身法道理，最难得其①妙处，亦且正多弊处。何则？身法贵乎低，然低而腰曲，则腰失其真矣；身法贵乎竖，然竖而头仰，则头失其真矣。甚至有手到而身法不到者，有脚到而身法不到者，甚至有锋芒反逆者，此皆大弊病也。
　　身法有三诀焉。一曰伸缩，伸缩者，如龙之灵变，如虎之快利也。二曰直射，直射者，如箭之快入也。三曰一片，一片者，手到、脚到、身到之谓也。能致此三者，则身法备矣。谨将练法、打法次序开列于后。

　　【译文】拳家所应掌握的秘要，总不外乎一个身法。身法对于拳术，就像用兵打仗时必须有主将一样。然而对身法的把握和运用，最难恰到好处，正因如此，也最容易产生弊端。为什么这样说呢？如身法贵在低，然而低则容易腰弯，腰一弯则失真，腰的作用便不能发挥；身法又贵在竖，然而竖则容易头仰，头一仰亦失真，从而造成身躯不稳。甚至有手到而身法不到、脚到而身法不到者，更甚者有势向前而身法反向后逆的，这些都是习拳和用拳时的大弊病。
　　要做到身法正确，必须掌握三个诀窍。一是伸缩，伸缩就是要如龙那样灵活变幻，如虎那样快捷劲利。二是直射，直射就是要像箭那样快速射入对手之身。三是一片，一片就是手到、脚到、身到，整体而进，不可脱节。能做到此三者，身法才算完备。谨将身法的练习法及在身法运用时的打法，依次列于下面。

第一　缩步练身法②

　　两脚站定，先将左脚并身法略缩一下，缩时须要右脚悬缩在左脚一堆，又

---

① "其"，原作"至"，草书形近而误，据汪本改。
② "缩步练身法"，原作"练力法"。"力"乃"身"之误。且"练身法"之标题，与此下二条不协，为划一起见，故据正文拟为上题。另，原文小标题，均承总题省一"身"字，均为补之，以求题义完整。下同，不另注。

须左手放在胸前，右手缩在胁下，通身更要会意，一片缩紧，然后尽力一片射出。务要身、手、脚一齐俱到，到时一齐尽力鞭开，后手比前手更要着力。此所谓"百骸筋骨一齐收、一齐放"也。

【译文】两脚站定，先把重心移到左脚，将左腿并身法略向下缩，再将右脚虚悬提起，与左脚并靠在一起，左手放在胸前近右肩处，右手放在左胁下，全身上下更要在意念的指导下，一片缩紧，然后右脚向前或向右开步，右手随右腿向前尽力一片射出。务必身、手、脚一同发力，到时一齐尽力鞭开，后手比前手更要用力一拽。这就是歌诀所说的"百骸筋骨一齐收、一齐放"。

【按】缩步练身法也称"原地练身法"或"丁步练身法"，是指左脚原地立定、身法略向下沉、右脚缩提的练法。用时非常便捷，只要身法一降、右脚一提、右肩一低，便可迅速出击。

第二　半步练身法

两脚站定，先将左脚并身法略摆一下，右边射入。其身[①]法俱要与前身法一样。

【译文】两脚站定，先将左脚与身法略摆，身势略降，然后右腿、右手、右肩一齐射入敌身。其对身法的要求，均与缩步练身法相同。

【按】此练身法，因左脚和身法略摆出，故曰"半步练身法"。用时亦很快捷。姜容樵《八卦掌》中的"金蛇盘柳"接"野马闯槽"，为此用法。

---

① "身"，原作"百"，盖原"身"字形残而误。张常本说是。

第三　出步练身法

先将左脚略偷一步，以脚指粘地，速即以脚跟一摆转身，其到身之法，仍与前无异。

【译文】两脚站定，先将左脚略向前偷进一步，以左脚掌小指外侧黏地，左脚跟向内一摆，身法一转，右边一齐射出。其靠近敌身的方法，均与前二法相同。

【按】此法中将左脚偷进一步，故曰出步练法。其以脚掌外侧小趾黏地，脚大趾翘起，脚跟一摆之法，在今天的拳法中仍用之。本拳经"拳法备要"之"身法歌诀"中的"足指须跷摆捉灵"，即此义。

此练身法之秘诀，断不可轻易说破，且是拳家三昧[①]，破敌全在于此也。

【译文】以上三种训练身法的秘诀，万万不可对人轻易说破，它们是拳家精义所在，破敌的要点全在此了。

拳家最难得者在身力，苟不会意，虽工夫用尽，而其妙处未得。其诀自有在也，其诀在何处？在后脚上得之。射去之时，后脚不可呆死，必[②]要紧跟前脚半步。入地之时，更要望前尽力一抵，则身力自然得矣，此"眉尖一线"在此悟也。一抵之时，虽是尽力望前，更要会意。脚跟望地一掀，脚指望地一挺[③]，方尽其妙。

【译文】拳家最难得的是全身的整力，如果不了解这点，即使工夫用尽，也很难把握拳术的妙处。这其中自有诀窍存在，那么诀窍在何处呢？在后脚上得之。即在身体射去之时，后脚不能呆死不动，必须紧跟前脚半

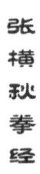

---

① "三昧"，原为道及佛家语，此指拳法的诀要或精义。
② 此下有一"虽"字，衍，据汪本删。
③ "挺"，原作"挡"，形近而误，据方玉泉本改。

步。还要在落地之时，将后脚往前尽力一抵，这样全身的整力自然获得，而常说的"眉尖一线"之理，则于此有所领悟。而一抵之时，虽是尽力往前送，更主要的还是意会，在形体上不易觉察。即脚跟往地上用力一顿，前端的脚趾继之一挺，整力便得，如此方尽其妙。

口传练打诸法[1]

【题解】口传者，当是由张横秋或其前人口传，由其传人记录而成者也。此打法，乃练习击打的要领，并非具体的打法。

【按】口传打法，原文排列格式，均较《张横秋先生传授习练身法秘要》题目低一字，然正文中所述均为打法，非身法也。此与下边的"论闪法"一样，均为"以类相从"，当与《张横秋先生传授习练身法秘要》为并列之目，故别立为一级子目。

练打之时，要雄狠尽力，从硬打做软，从有力打做无力，方有精法。开始就以软打，后来终无精法。故拳要软中硬者，此也。

又，练打[2]之时，如设一敌人在面前，手当如何进，肩当如何入，脚当如何管，俱要算定，打时必要认真着力。

又[3]，练打之时，肘胯肩先下，是要紧关头。譬如一动手时，而两肩一跌下，则身法自然低，随身转打，俱是恰对敌人空处，所谓"垂肩带靠"者也。

又，练打之时，前手如探子，必要厘清。就是敌人一动手时，精神必要为之掀开，令彼自露其空处，然后一转进身，便处处是空中投石，所谓"乘虚而入好用机"是也。

又[4]，练打（之）时，精神必要紧记：如鸟之将飞，如马之出道，如猫之捕鼠。先将身法一低，其用力要会意，缩在一毯、一片射进，所谓"由缩而伸"（者）也。

---

[1]"口传练打诸法"，原作"口传百法"。"百"为"打"字草书形近而误。原题意义不完整，此据汪本改。
[2]"打"，原作"法"，误，以下各条均作"打"可证。
[3]"又"，原作"人"，形近而误。前后各条均作"又"可证。
[4]此条原缺，据汪本补。

又，煞手之时，紧记后手一曳，必须要后脚一抵，而其最妙之处更在坐桩。望下一踵，则通身皆精其法也，自无仰前仰后之弊。

【译文】练习击打之时，要雄狠尽力。开始要硬打，逐步过渡到软打；开始要有力，逐步过渡到无力，这样才是正确的方法。若一开始就练软打，最终必定软而无力，难得其妙。所谓"拳要软中藏硬"，便是这个道理。

又，练习击打之时，应假想有一敌人在前面，要想到我的手应如何攻进，我的肩应如何入其身，我的脚应如何管其脚，这些俱要预先算定，打时一定要认真用力。

又，练习击打之时，肘、胯、肩要先低下，这是最要紧的。譬如一动手时，两肩一跌下，则身法自然低，随身转打，都是恰对敌人空虚之处，歌诀所说的"垂肩带靠"，便是此道理。

又，练习击打之时，前手要如探子，必要探清敌人之虚实。也即敌人一动手时，我须使个虚招，令其精神转移，从而露出空虚，我则一转进身，处处如空中投石，歌诀所说的"乘虚而入好用机"，便是此道理。

又，练打之时，须蕴含一种精神，就像鸟将飞、马就道、猫捕鼠一样，将身法缩低，精神专注，用力时也要在意念指导下，先团作一球，然后一片射进，这就是歌诀所说的"由缩而伸"之义。

又，煞手之时，切记后手一拽，同时必须后脚一抵，而最妙处更在身法向下一坐，脚力望下一沉，则通身脉力尽出，自无俯前仰后之病。

论闪法[①]（即虚步也）

【题解】闪法，为闪躲敌人之法。只有快速闪开敌人的攻击，才能避免受创，及时还击，取得最终的胜利。闪法，乃拳术搏斗中的重要内容之一，历来受到拳家的重视。此论依左右盘、中盘、外盘，分述了躲闪时须

---

①原作"论一闪之法"。"一"原为古文另行标识窜入，"之"与下各条不协，均删之。今更为"论闪法"。

注意的方法和要义。先有总论，再行分述，清晰明了，颇便于习用。

【按】此目原作"论一闪之法"，汪本作"一闪法论"。这里"一"非正文，乃古人著书时所加的段落标识，类似于现今分段时所标的星号或数字。后人不辨，误将其混入文中。且此节文字乃闪法总论，以下还有三节单论闪法者，显与"一"意不符，故综之别订为"论闪法"。

原题较《张横秋先生传授习练身法秘要》低一字，但所述乃闪法，非身法也。虽闪法也属身法范畴，但毕竟有别。其与"口传练打诸法"一样，都是"以类相从"者，与"身法"均为并列结构，故别立为一级子目。

闪乃身法脚步之根本，而实我①家之秘法也。与人对敌之时，前后左右，皆可攻入，而周身皆到，更无破绽可窥。此为拳家第一妙诀，但非其人，实不可妄传耳。

【译文】闪法是身法、脚步的根本所在，实为我张家拳的不传之秘。与敌对搏时，一闪之后，便能得机得势，此时前后左右，皆可攻入敌身；而我又周身齐到，更无破绽可窥。故闪法为拳家第一妙诀，但非品行端正之人，切不可妄传。

走左右盘闪②法

与人对敌之时，敌人或以拳打来，而我即将左手，望手肘边推开；要将左脚速偷一步，须离三五寸，后将身法、脚步，一片由缩而伸；右手从人腰边打入，右脚从人腿心脚腕边抵入，右肩从人腋③下钻入。至于前后左右，俱是此打法。此百法第④一之妙也，此更不传之诀也。大凡进步，总以脚抢满为第一要着。

【译文】与敌对搏时，敌人若以左拳打来，而我快速出左手将其手肘

---

① "我"，原作"拳"，从汪本改。考此"我"字，应是三昧自述。此为《拳经》为三昧所结集整理又一证也。
② "闪"，原为"開"，当由"闪"先误为"閁"，再误为"開"也。
③ "腋"，原作"脐"，误，从汪本改。
④ "第"，原作"得"，据方玉泉本改。

向外推开，同时左脚快速偷进一步，至其左脚外三五寸之处。然后将我右侧身法、脚步，一体由缩而伸，右手从其腰边打入，右腿从其身后胴窝脚踝边抵入，右肩从其腋下钻入。不管前后左右，都是这种打法。这是百法中第一妙法，更是不传之秘。总之，凡是边盘打法，其后脚进步，总以从后管住敌人双脚为第一要务，此即抢满。

【按】左右盘，即边盘。走边盘闪法，以我身体的内侧，从敌身后管住敌人，以造成敌背我顺之势。可参看"下盘细密秘法·边盘秘法第四""出步练法"和图式中的"破打边盘式"。

走中盘闪[①]法

敌人拳来甚急，未及偷步，而我即将左脚略摆一下，右脚由缩而射入。此为半步打法，其快捷无对。大凡走中盘，须记是脚、膝尖射入，正似离弦之箭。

【译文】敌人拳来得太急，我来不及偷步走边盘，可将左脚略摆一下，右脚由缩而伸，快速射入敌人中门。此为半步打法，快捷无双。总之，凡是中盘打法，须记脚和膝尖射入时，要快如离弦之箭。

【按】中盘闪法，由敌人中门直进，后腿、膝尖须直射进敌人裆中。可参看"下盘细密秘法·中管秘法第二""半步练法"及图式中的"中盘式此破法"。

走外盘闪[②]法

敌人拳来之时，而我须用左脚略跌一步，或离三五寸，后将右边一齐腾起射入。此闪步打法，最能取胜。大凡走外盘，须记闯满为主，乃是外盘双管，

[①] "闪"，原为"曰"，形近而误。
[②] "闪"，原为"曰"，形近而误。

其最担①力处，须在②臀上。

【译文】敌人拳来时，我左脚须往外略跌开一步，离敌脚三五寸远，而后我右边脚、腿、臀、胯一齐腾起，从敌右侧后射入。此闪步打法，最能取胜。总之，凡是外盘打法，总以闯满为主，闯满则为外盘双管。其最着力处，应在臀上。

【按】外盘闪法，是从敌人外门而进，从而管锁敌人双腿的技法。它与边盘闪法不同的是以我身体外侧对敌外侧，两人的朝向相反。可参看"下盘细密秘法·外管秘法第三"和图式中的"走外盘式"。

凡此三盘，须知理③手妙诀，而其中要分托、交、挽、拉之异。走左右盘④，须用挽拉手；走中盘，是用交手；走⑤外盘，是用⑥托手。故曰"拳按阴阳次第掀"也。

拳家诚能熟此以上诸法，而未得心内提劲之妙，仍不能称为能手，今再论其法。

【译文】以上三盘，须配合相应的接手之法，才能更好地运用。其手法分托手、交手、挽手、拉手之不同。走左右盘，须用挽拉手；走中盘，须用交手；走外盘，须用托手。故拳诀上说："拳按阴阳次第掀。"

拳家真的能够熟知以上各种技法，而不知心内提劲之妙，仍不能被称为能手。今再论提劲之法。

---

① "担"，原作"掺"，繁体字形近而误。
② "在"，原作"至"，草书形近而误，据汪本改。
③ "知理"，原作"起里"，前字为草书形近而误，后字为音同而误。理，处理，接敌来手。
④ "盘"字原缺，据汪本补。
⑤ "走"，原作"是"，形近而误。
⑥ "用"，原作"曰"，盖因原"用"字草书不规范或有残而误。

提劲运用之法

　　大凡运劲之法，在乎气，而气之虚实，全凭小腹下运之。盖周身运量，气为之先。若气不在小腹而在胸，此上实下虚，而下步必不能坚固紧密，其何取胜于人耶！

　　夫气者，力也。拳家之根本藉乎气，气①足则力亦足。不可乱出，苟或乱出②，则如大力之人，多有一遇对敌，力转不能以自伸，所谓气阻力闭，而无循环相生之妙也。

　　然则劲当如何用？力之必从腰转出，方能得法。如右脚出时，其脚要熟点而出，将身法一低，两肩一垂，两手掩胸，左胁③提起，右胁、腰望前一低，而周身之气，望下腹一沉，则上虚下实，而下步自能坚固紧密矣。至于前后左右，俱是如此。此出步提劲④之运用也。

　　【译文】大凡劲的运用，在于气的引领和催动，而气的虚实，又全在小腹的储积和运转。这是因为周身的运使，以气为先导。若气不在小腹而在胸，这便是上实下虚，脚下必不能坚固紧密，如此将怎么能取胜于人呢？

　　其实，气就是力的另一种表现形式。拳家之根本，在凭借气的充足，气足则力也足。气不可乱出，假如乱出，则触到敌身时必然无力，最终将会被敌人乘机钻空子。气又不可阻滞，假如阻滞，则像许多力大之人，一遇劲敌，反而不能将力施展出来，此便是气阻力闭，因此无法实现气力循环相生的妙处。

　　那么劲当如何运用，才合乎要求呢？力必须从腰转出，方为得法。如右脚出时，要熟练地一点而出，将身法一低，两肩一垂，两手掩胸，左胁

---

① "气"，原作"之"，形近而误。
② 此处殆有脱文。
③ "左胁""右胁"之"胁"，原均作"夾"，皆误。盖"胁"字繁体又作"脥"，脱笔而误为"夾"。
④ "劲"，原作"紧"，音近而误。

提起，右胁和腰朝前一低，而周身之气朝下腹一沉，这样则上虚下实，而脚下必能坚固紧密。至于前后左右出步，均是如此。这便是出步提劲运用之法。

迷拳

【题解】此篇所说的迷拳，拳法循环相生，变化莫测，令人眼花缭乱，所以叫"迷拳"。迷拳并不是乱打一气，而是有"一定之理，断不可差错"，这"理"便是"盘口"和"肩法"。习练者倘能将此篇所述盘口、肩法与此前的八面肩头、三步练身法，以及披揭、展翅、戏珠等上肢技法共同参研，定会有较大的收获。而前述的下盘细密秘诀、三盘闪法，与此篇所述盘口，实是三位一体，互相补充、互相发挥，也可共同参研。

【按】本篇内容较多，为便于对照，采取逐节分译的方法。

凡人之立势，有前有后，有左有右。前后左右，而直①攻之谓之正②；前后左右，而巧③攻之谓之奇④。遇正则体健者胜、力雄者胜；遇奇则体健者失其健，力雄者失其雄⑤，皆出于意⑥料揣度之外者也。故人披⑦而我挂⑧，人挂而我托，人托而我搬⑨，人搬而我削⑩，人削而我遁，人遁而我角⑪。拳出拳外，莫

---

① "直攻"，走中门从正面进攻。
② "正"，古代哲学和兵法术语。哲学上指正常出现的事物和现象，军事上指常规的进攻方法。
③ "巧"，原作"此"。草书形近而误。据汪本、胡本、富川本改。巧攻，避开正面，采用迂回、佯攻、引诱等巧妙的进攻方法。
④ "奇"，古代哲学和兵法术语。哲学上指非正常出现的事物和现象，兵法上指非常规的进攻方法。
⑤ "遇正……失其雄"四句，原文脱漏甚多，此从富川本移易，不备校。
⑥ "意"，原作"定"，据汪本改。
⑦ "披"，明清武术术语，指以手臂像剑棍一样，抽击敌头面或肩臂。
⑧ "挂"，指用手臂由下向上挑对方来手。富川本、汪本均作"架"。
⑨ "搬"，前五字"托人托而我"原缺，据汪本、富川本补。搬，武术术语，指以臂腕向外滚转以化解对方之力。
⑩ "削"，武术术语，指覆掌以掌外缘削击对方。
⑪ "角"，指在敌逃循时走斜角截打。此为名词动用法。

之参酌；拳入拳内，莫之审度。变幻靡穷①，古今伟博②。因之不可端睨③，故名之曰"迷拳"④。

【译文】凡是人在与敌对搏时，必先立一个势子。这势子有前有后，有左有右。不论是前后左右，不使虚招、直截了当、猛打猛冲、直面进攻者叫作正；不管前后左右，利用佯诱、声东击西、指上打下、巧妙进攻者叫作奇。遇到正面进攻时，则身体健壮的人胜、力量雄大的人胜；遇到巧妙进攻时，有时身体健壮的人、力量雄大的人，反而失去其体健力雄的优势，被体小力弱者战胜，这却是出乎人们意料之外的。故实战对敌时，必须随机应变，采用灵巧多变的战略战术，才有可能取得胜利。所以，人从上披，我就从下挂，人从下挂，我就托其肘，人托我肘，我就搬其手，人搬我手，我就削击对方，人削击我，我就卸步逃跑，人逃跑，我就绕步截打。有时我拳由敌拳内转到敌拳外，让他无法揣摩；有时我拳由敌拳外转入敌拳内，让他无法预料。拳能做到变化无穷，方为古今圣手。因这种拳法令人无法看出端倪，所以叫"迷拳"。

迷拳盘

博弈⑤有一定之盘口⑥，不可或乱，拳家亦然。譬如六节迷拳，前后左右，各⑦有一定之盘口⑧，平日未尝讲究，临敌必生狐疑。虽曰拳要见境生情，而一定之理，断不可差错。倘盘口不知⑨，奚能论拳乎？今述盘口于左⑩：

---

① "变幻靡穷"，原作"变化无数"，从汪本改。
② "博"，原作"拨"，音近而误。伟博，英气风发、博大宏放之义。
③ "睨"，端倪。原作"眸"，形近而误，据汪本改。
④ 据良轮《张横秋秘授跌打抓拿法》，迷拳是当时一种拳术套路的名称。
⑤ "博弈"，弈，下棋。下棋时两人对博争胜，故曰博弈。
⑥ "盘口"，博，六博，古代的一种横艺。弈棋时，棋盘上的某些棋位（口）非常重要。一子之落，输赢立见，故曰盘口。
⑦ "各"，原作"如"，草书近似而误。汪本作"亦"。
⑧ "口"字原脱，从汪本补。
⑨ "知"，原作"起"，草书相近而误，从汪本改。
⑩ 古书竖排，行文从右至左，故其下曰"左"。

披揭①走边盘（中盘亦可），戏珠②走中盘（大忌钢叉式），抱蟾③走散盘④，展翅⑤走边盘，闭阴⑥走中盘（边盘亦可），压顶⑦走散盘。

散盘是边盘、中盘、外盘皆可走⑧。所谓审人之形势以运用也。

【译文】下棋有一定的占位和走法，称为盘口，不可错乱。拳家也是如此。譬如六节迷拳，前后左右，各有一定的进位和步法，平日不曾细致研究，临敌必定犹豫生疑。虽说打拳要见境生情、随机应变，而一定的规律和准则，决不能有差错。倘不讲盘口，又怎么能讨论拳术呢？今述盘口如下：

披揭走边盘（也可走中盘），戏珠走中盘（大忌后脚不跟，两腿开成钢叉式），抱蟾走散盘，展翅走边盘，闭阴走中盘（也可走边盘），压顶走散盘。

散盘是边、中、外三盘皆可走，根据敌人的来势以定夺，此即所谓的看势打势。

迷拳用肩法

歌云"一身筋力在肩头"，则拳之妙，以肩为重，而手不过辅⑨之。其法若不道破，徒以两手相往来。试思人之一手，其力果有几何，而能胜于人耶！然肩亦非一种，有用直肩者焉，有用压下肩、滚⑩肩者焉，有用倒前、倒后肩

---

① "披揭"，明清武术术语，指用手臂从上向下披击敌人，然后反向揭打。
② "戏珠"，明清武术术语，指用仰拳从下向上击打敌人咽喉的一种技击法。
③ "抱蟾"，明清武术术语，多指左右两拳合抱，或一手挽敌手、另一拳向里勾击的拳法。以拳喻蟾，是一种形象的说法。
④ "散盘"，据原注"散盘是边中外盘皆可用"，故"抱蟾走散盘""压顶走散盘"，是指依据对敌时的情形，可走三盘中的任意一盘。
⑤ "展翅"，明清武术术语，指手臂如鸟翅展开，扇击或披击敌人的技法，分双展翅和单展翅。太极拳中的"白鹤亮翅"为上下双展翅。
⑥ "闭阴"，明清武术术语，指以掌拳向前封堵击打敌人裆部的技法，有多种方法。
⑦ "压顶"，明清武术术语，指在肩力带动下，以拳臂由上向下压制、栽打敌人的技击方法。
⑧ "中盘""外盘"中的两"盘"字及"走"字原脱，据汪本补。
⑨ "辅"，原作"补"，繁体字形近而误，据汪本改。
⑩ "滚"，原作"让"，草书形近而误。

者焉，有用射起、陡起、凝挺肩者焉。其中各有妙处不同，贵所用之得法耳！今列肩头法于左：

披，用压下肩（人短用直肩亦妙）。揭，用倒后肩（用射起肩亦可）。闭阴，用倒前肩（用直肩更妙）。戏珠，用射起肩（用滚肩更妙，但无人识耳。滚①肩如车轮之状②）。抱蟾，用倒前肩。展翅，用射起肩（平肩亦妙）③。压顶，用压下肩。

【译文】歌诀说"一身筋力在肩头"，可知拳法之妙，以肩力为重，手部不过起到辅助作用而已。此法若不说破，仅以两手相搏，则劲力难以发挥。试想，人的一只手，能有多大力量，便想凭它就取胜于人？然而肩的用法也不止一种，有用直肩的，有用压下肩、滚肩的，有用倒前肩、倒后肩的，有用射起、突然挺起、凝挺肩的，其中各有各的妙处，贵于所用得法而已。今列肩头法于下：

披，用压下肩（人矮用直肩也很好）；揭，用倒后肩（用射起肩也可）；闭阴，用倒前肩（用直肩更好）；戏珠，用射起肩（用滚肩更妙，但只是无人知道罢了。滚肩如车轮之状）；抱蟾用倒前肩；展翅用射起肩（用平肩直进也很好）；压顶，用压下肩。

第一节 披揭轮拳④：敌人当面来，我步右脚进。右脚甫及⑤发，左脚缩相就。步儿才见⑥行，左拳轮打去。拳打才加时，右披反轮救。救时欲⑦管跌，望

---

① 前两"滚"字，均原作"让"，均草书形近而误。
② "滚肩如车轮之状"，原在"抱蟾"句下，当为抄者误注，今移于此。
③ "平肩亦妙"，四字原缺，据汪本补。
④ "披揭轮拳"，原作"从上劈下"，据汪本改。汪文不仅准确生动，能涵盖诀文，义丰，又与下五小标题相协。又，披与劈不同：披以臂，如棍如剑；劈以掌，如斧如钺。"披"与"揭"常连用，"劈"与"削"常连用。
⑤ "甫及"，原作"角反"，形近而误，据胡本改。甫，才。
⑥ "才见"，原作"跨儿"，两字繁体形近而误。据国技本、胡本、富川本改。
⑦ "欲"，原作"顾"，据国技本、富川本改。

上一揭①骤。揭就怕停留，裹头斜左溜。敌见我溜时，谁知闭阴后。闭阴恐②空发，翻身双披计。

【译文】 敌人左拳当面打来，我右脚从外圈进，扣步回身。右脚刚迈出时，左脚随即缩紧一团，紧贴右脚跟。继之我摆左脚出步，同时左拳打出。左拳刚一触敌，右手随即如轮反披而下，以救助我左手。右手往救时不要忘了向后反跌敌人，所以应管住敌脚，马上往前上骤然一揭。揭后不可停留，应裹头将身向我左侧斜溜。敌见我向左斜溜以为是躲避，谁知我却是右手翻转闭打敌裆部。若落空打不着敌人，紧接着翻转身体，以双手再披打敌人。

【按】 此节所述为走边盘，也即"之"字步打法，是闪到敌人侧后的一种打法，非常巧妙，只是诀文里可能省略了"偷步"的叙述。国技本、富川本所述以先出左脚为始，"敌人当面来，我步左脚进。左脚甫及发，右脚缩相就。"这样容易使人产生误解，以为两者不是一种打法，或是其中某抄本有误。其实两者本质上没有什么不同，只是后者省去了扣步回身，因而更快捷；而前者转到敌背后，更安全活脱。习练者应细心体会。

【诠释】 敌人左脚在前以左手当面打来，我右脚随即向前圈步到敌身后，并扣步回身，左脚收至右脚前作虚步，这样就造成了敌背我顺之势。此时我马上摆左脚出步，同时左拳随步由下向上翻转披下。左拳刚一触敌，马上变掌捋敌手，右脚上步从敌身后插进，管住敌人的双脚，同时右臂在肩力相助下披击敌人。右臂下披不停，应马上用射起肩反臂上揭，以向后反跌敌人。揭后我迅速回身向左侧斜溜闪开，同时右臂下回，翻转右拳向后闭打敌裆部。若打不着敌人，出现空招，继之翻转身躯，再以两臂先后双披敌人。

---

① "揭"，原作"揾"，形近而误。明清拳法，披揭连用，据胡本、汪本改。下"揭"字同。
② "恐"，原作"不"，据国技本、胡本、富川本改。

第二节　乌龙戏珠：敌人右①打来，左抱②斜里去。斜进才③到身，右拳戏龙珠。敌人走左边，右抱左戏去。彼④将手打来，抽手脱身计。人见护己身，谁知闭阴后。闭阴当收时，反⑤身双披骤。要知敌人长，此拳不可废。

【译文】敌人以右拳打来，我出左脚、左臂成斜抱势向外格去。当我斜进刚一触及敌身时，随之右脚向前上射进，右拳上出，如龙戏珠，击敌下颌。敌若抽出右拳，又以左顺势打来，我则反用上法，以右抱左戏对之。当我以戏珠拳击敌下颌时，敌必以另手打我戏珠之手，我则向后闪转抽手脱身。敌人以为我向后闪转是为了护卫自身，谁知我戏珠之拳下落翻转、反向闭打敌阴部。随即收回击阴之手，马上再反身以双披击打敌人。要知道，对付高于自己的敌人，此拳非常有用，不可荒废。

【按】此节所述为走中盘。

【诠释】敌人若出右脚右手迎面打来，我出左脚走中门靠近敌右脚内侧，左手斜上挡住敌人来手，同时上右步抢进敌裆，右手上起直奔敌下颌。敌若是抽回右手，换左手再进，我则进右步、右手上挡，再进左步入敌裆，以左拳上击敌下颌。无论我左进或右进，当我直奔敌下颌、咽喉时，敌必用另手向下击打我手，我则向侧后转身抽手脱身。敌以为我转身后闪是为了脱身，却不知我手下落翻转打其裆部。结束后迅速收回，再反转身以双手快速猛烈地披击敌人。

---

① "右"，原作"若"，据汪本改。
② "抱"，原作"抗"，据国技本、富川本、汪本改。
③ "才"，原作"终"，繁体字形近而误。据国技本、富川本、胡本、汪本改。
④ "彼"，原作"披"，形近而误，据富川本、汪本改。
⑤ "反"，原作"在"，草书形近而误，据富川本、国技本、汪本改。

第三　黄龙抱蟾①：左肩出势②立，左拳③横打去。打去才到腮，右拳旋抱救。复④起竖肘来，照心一坐计。敌非不后退，管脚居其后。力雄难跌倒，斜步闭阴透。彼若赶进来，双披反身骤。

【译文】敌人若以左肩出势打来，我则左拳翻转横着打去。当我左拳刚到敌人腮边时，右拳马上前旋勾击。此势不停，我右手下按敌左臂，继以左肘竖起，向前照敌心一肘坐下。此时敌人并非不后退，而是我的右腿管在其身后。假如敌人身力雄健难以跌倒，我则马上斜步向左回身，右拳向下回插打敌裆部。倘敌人并进步赶来，我则回身猛快双披，让他难以承受。

【按】此节所述为走边盘。

【诠释】敌人以左肩出势打来，我则左脚偷进一步，进至敌左脚外三五寸处，同时左拳由下外旋，避开敌手，转上击其左腮。在我左拳刚击到敌腮时，敌必左手上挡，我则左手翻转掠敌手，上右步从敌身后管住敌双脚，右拳由外向内圈打其左侧头部，以成黄龙抱拳势。此时我继以右手下压敌左臂，同时起左肘照敌心窝击下。倘敌人身强力壮，此招不足以将其打倒，我则身形后败，右手翻转向下，拳心朝上，向后斜击敌裆部。我后败时敌若赶进前来，我则右手收回，回身右左两手连续双披。亦可右手披后，上左步左手再披，也可在黄龙抱拳后，右手从敌左臂下钻入，进敌中门，再行坐肘、闭阴、双披等。

---

① "蟾"宜作"拳"。因图式中亦作"蟾"，仍之。
② "左肩出势"，是明清拳术中的一个著名势法，又称"直行虎打法"。指出势时左手上挑、左脚前出的一种进攻或防守方法。
③ "拳"，原作"右"，据富川本、国技本、汪本改。
④ "复"，原作"后"，繁体字相近而误，据富川本、国技本改。

第四节　凤凰展翅：左手抱头颜，右手切将去。右手抱头颜，左手亦如是。倘有敌人披，两手斜抽去。左手反披来，右手反披骤。右手甫及发，左手横拴凑。此乃敌左旋，敌右无双计。节节要打熟，任我翅飞去。

【译文】敌人以左拳打来，我左手上架护住头面，上右步出右手向敌左臂切去。敌人若抽回左手，换右拳打来，我则右手上架、左手劈切如上式。倘敌人以双披法击我，我则闪身向后双手抽去。抽去不停，继回身左手反披如电疾，右手接披如雷骤。右手未发出之时，左手先要拴挽住敌左手，这样才能使其无法抽手，而我右手才能披打不落空。以上是敌从我左侧旋进双披时所应；倘敌是从右侧来，我也依上法用之无疑。展翅法若能节节打熟，则任我双臂如翅飞来飞去。

【按】此节所述为走边盘。此凤凰展翅法，与从边盘管住敌脚，右手从敌腋下钻入，然后鞭开将敌跌出的展翅法不同。彼为跌法，可以称为单展翅或斜展翅，两手方向相反。此法为披法，准确地说应是双披法，可称为双展翅或轮形展翅，两手先后披向同一方向。其形如雄鹰旋身俯冲双翅先后轮击，其法如器械中的双刀、双剑旋身双劈。习练者切勿以展翅之名，而混为一谈也。再者披法亦变幻莫测，可正反披互变，也可以披后变塌靠。

【诠释】敌人若出左脚左手打来，我则左脚偷进一步，进至敌左脚外侧三五寸之处，同时左手向上以护住我之头面，继而翻转拴住敌手，随即上右步从后管住敌脚，右手前行披击敌之肩臂、头面。敌人若抽回左手，换右手如上打来，我则换右势如法应之。倘敌人抽身，也以双披法向我左侧打来，我则身势后败，双手抽回，继之回身左右手连续反披敌手。右手反披之前，须先以反披之左手挽住敌左手，这样我继披之右手才能落到实处。以上披法，可以原地扭身成拗步势，也可以上后步成顺步势。以上说的是左势法，倘敌人从我右侧以双披打来，我则换右势以同样的方法应对。

第五节　闭阴扫阴：我右[①]前行去，赶来左掌就。须知阴上加[②]，反身右掌救。若身敌左行，右闭随将就。若敌朝左来，将身右边溜。总之要闭阴，横竖损[③]不去。若要打得真，撩阴终打透。

【译文】敌人若以左掌击我，我则右势进敌中门，即以右手牵挽敌左手，同时左掌向前下击敌阴。继之身向左后偏转，左手回带敌右手，右掌反转向下，掌心向前再击敌阴。若我主动以右顺势由敌中门偏身而进，则以右掌下击敌阴。若敌主动出右手，从我左侧进击，我亦向前窜进，右手击敌腿裆。总之，不管是谁先谁后，或左或右，我都要先闭住自己阴部，这样才横竖不会有损。但若要把敌人打得真切实在，则闭阴后的撩阴才是无上妙法。

【按】闭阴是指闭住己阴，同时前扫敌阴。以为闭阴仅是闭敌之阴，恐怕有误，此从"总之要闭阴，横竖损不去"可知。因为闭阴、扫阴常连用，所以在明清人语义中，闭阴有时成了"复义单指"，即单指击敌之阴。由于时代的变迁，今天已不见"闭阴"这个术语了，而"扫阴"也变成了"撩阴"，但其基本招法在武术中并没有消失。如各拳中多有"仆步撩阴""穿掌下势"，其下按之手就是"闭阴"，前撩之手即是"扫阴"。

闭阴扫阴多连用，但并不是绝对如此。如敌高手来，则没有闭阴，只有扫阴。或我闭阴之后可向上回击敌面，则只有闭阴，没有扫阴。如戚继光《拳经三十二势》中的"神拳""指裆势""雀地龙"，均是如此。

上诠是以从中门而进解释闭阴、扫阴之法的，但从迷拳盘"闭阴走中盘，边盘亦可"可知，闭阴亦可走边盘。其实上文中的"若敌朝左来，将身右边溜"，就可以走边盘，只是校释者为了以中门释拳的一致性，稍

[①] "右"，原作"若"，富川本、国技本同，汪本作"要"，均与原义有违，殆形近而误。此据文义改为"右"。
[②] "须知阴上加"，原作"须起阴囊上"，据胡本、富川本、汪本改。
[③] "损"，国技本同。富川本、汪本作"省"，胡本作"者"。"省"字亦通。

作变通而已。走边盘闭阴、扫阴之法，须结合前述三步练身法中的"半步练法"和"出步练法"，双手交叉合抱后，后手亦须从对方腋下插入，然后前探撩阴，为顺步势。姜容樵八卦掌中的"金蛇盘柳""乳燕斜飞"似之。走边盘亦可在管住敌脚后，用绞挂手向上绞开敌臂，以后手向前撩阴，成拗步势，也可以如史式八卦掌中的栽捶，从敌臂上裹入后下击。又，良轮本"七十二死手"中的"叶里藏镖"，更是全从外门而进的闭阴法。另外，我之闭己阴可以身法闭，可以腿法闭，也可以手法闭。拗步势多以身法闭，顺步势多以手法闭。击敌之阴，可以挑，可以撩，可以弹，可以抖。总之，闭阴扫阴，方法种种，习练者当自行揣摩。

【诠释】若敌人左手左脚在前攻进，我则右手右脚从敌内门而进，然后右手挽敌左手，左肩前倾，左手前撩敌阴，成拗步势。倘敌以右手下压我左手，我则左手挽敌右手，向后斜身，同时右手下翻再击敌阴。若敌右手右脚在前作守势，我按上法换右式闭阴法击之。若敌主动从我左边而进，以右手击我，我则以左手掠敌右手，摆左脚，坐步，以右手击敌阴部。若敌从我右边按上式进，我则换式仿上法击之。

以上所释，乃是以敌高手来为说的，倘敌低手来，则我闭阴之手当下勾或下按，然后进另手扫阴。

第六节　泰山压顶：欲知泰山压，左右双轮披①。披他步旋风，横步不可歇。步若可用长，丈余管脚跌。于中要求熟，一节压一节。压之未为奇②，谁知节破节。破打得其方③，那管人颏④跌。

【译文】要想知道泰山压顶的威力，就用左右双手同时如轮相披。披时我的身、手、脚要如旋风般进裹，后脚横拴亦不可停歇。拴步若能放

---

① "披"，原作"劈"，下"劈"字同。殆同音而误。从文中"一节压一节"看，"劈"是无法"一节压一节"的，故改为"披"。
② "奇"，原作"齐"，音形近而误。
③ "破打得其方"，原作"打得专方妙"，据富川本、胡本、国技本、汪本改。
④ "颏"原作"拨"，此据胡本改。

长管敌双脚，可将其跌至丈外飘飞如蝶。要想压顶法用得圆活纯熟，须知肩、肘、手一节压一节。一节压一节也不算稀奇，奇的是能知一节破一节。倘能熟练掌握"压顶"破打法的巧妙，不管敌人如何强大，都能将其压瘫趴跌。

【按】此节虽名为"泰山压顶"，首先说及的却是"双轮披掌"。这是因为双轮披掌须配合肩力，以致整个身力方可，其所用的肩法是压下肩头，故曰"欲知泰山压，左右双轮披"。接下来的"丈余管脚跌"，则用的是射起肩。另外，此节之"披"，个别情况下亦含有"劈"义。本《拳经》和戚继光《拳经捷要篇》，都多次提到"披劈"，即"披劈横拳，欲其猛也"，可见"披劈"在拳术中的重要性。欲正确理解此节内容，可参见本书"论八面肩头"和戚继光《拳经捷要篇》的"旗鼓势"。此节所述为走边盘，实际上是边、中、外盘皆可走。

【诠释】假若敌人以左势打来，我左脚旋进一步在敌左脚外侧，右脚也随之如旋风般从敌身后拴进，管住敌双脚；左右双臂同时披向敌左侧肩臂。敌此时若抬臂上抗，我肩向后倒或射起将敌跌出。在披敌臂时要注意一节压一节，即我的腕、肘、肩、胯、膝、足要压住敌人的腕、肘、肩、胯、膝、足。不仅要知道节可压节，更重要的还要知道节可破节。即压后我可以肩靠、肘顶、反手、勾脚、跪膝、胯撞以破打敌人。节节相压也并非不重要，因为它是节破节的基础。要想做到能将敌人压趴、跌出，须要熟练掌握泰山压顶的技巧和方法。

【按】以上六节迷拳，是六个精干的短打组合，乃张氏拳的精华。前所述管脚之法、出步之法、八面肩法、披揭、展翅、戏珠等，均在其中有所表现，它们综合运用了各种技法，所以它们也可以看作以上各种招法组合成的连环拳，既可以单独练习，也可以六节串演。

然六节迷拳，是以简单的歌诀来表述的，限于字数和韵脚，许多精义难以明了，诠释起来也颇感困难。但只要将以上各种拳理和拳法理解透彻，融会贯通，还是能寻出些端倪来的。

醉八仙歌

【题解】八仙，道教传说中的八位仙人，即铁拐李、汉钟离、张果老、吕洞宾、蓝采和、韩湘子、曹国舅、何仙姑。他们的故事长期流传于民间，自李唐以来，时见于文人笔下。至明代吴元泰小说《八仙出处东游记》，八仙之名号，才正式确定下来。其实，他们所处的时代各不相同，经历也相差甚远，通过故事编撰，结集到一起。他们是神仙中的散仙，不受道规约束，爱扶困济厄，惩恶戒贪，故为人们所喜爱。民间传有"八仙过海""八仙庆寿"的故事。这些不受戒规约束的八仙，酒醉之后，风流俊迈。因此以"醉八仙"来命名拳法，是要人们在行拳时，潇洒自如，不受拘束。戳脚名家于伯谦曾说，打拳若到了如婴儿一般戏玩，方臻化境。可为此注。

【按】《醉八仙歌》，是以八仙各自不同的身体特征和所擅长的法器为喻，叙述了拳术之身法、步法及"八锋"运用时的技巧和技法。中间有穿插，有融合，非一节仅述一锋。即使一锋，也非一种用法，如手锋，就有掌、拳、爪等的不同，习练者须细心体会。

又，良轮本《张横秋秘授跌打抓拿法》中，除载有《醉八仙歌》外，还载有《八仙玄化十一（三）首》，似较《醉八仙歌》更加变化多端，有心者可参研之，勿以坊本而忽之。

醉者，醉也，号八仙。头颈儿，曾触不周巅[①]。两肩谁敢与周旋。臂[②]膊儿，铁样坚。手肘儿，如雷电。拳似砥[③]柱，掌为风烟。膝儿起，将人掀。脚儿勾，将人捐[④]。披削爪掌[⑤]，肩头当先。身范儿，如狂如颠。步趋儿，东扯西

[①] "不"，原作"北"；"巅"，原作"颠"，均误。《淮南子》载：共工与颛顼争帝，怒触不周之山，天柱折，地维绝。不周，山有缺，故曰不周。

[②] "臂"，原作"臀"，形近而误。据胡本、富川本、国技本改。

[③] "砥"，原作"抵"，音同形近而误。"砥柱"，黄河中流一石柱，为名词，正与"风烟"相对。

[④] "捐"，原作"损"，形近而误。以其义与"勾"不符，又不协韵。良轮本、富川本、汪本均作"捐"。

[⑤] "爪掌"，它本有作"抓拿"者。

牵。好教人，难留恋。八洞仙踪，打成个锦冠饮玉天①。

【译文】醉么？醉了！号八仙，个个不一般。头颈儿，曾触不周山。两肩硬如铁，谁敢来周旋。臂与膀，铁样坚。手肘猛似雷，迅疾又如电。拳出如砥柱，掌来若风烟。膝头暗提起，将人望天掀。脚儿一勾扫，使人跌得远。臂披手削，爪抓掌掸，均以肩当先。身法儿，如狂又如颠。步调儿，东扯又西牵。真教人，难以不留恋。八洞仙踪，打成个头戴锦冠朝玉天。

【按】此为《醉八仙歌》的总引子，将以下八节中八仙的技法予以总括性概述，以起提纲挈领之作用。其中，头肩是指汉钟离，手肘是指曹国舅，膝是指铁拐李，拳是指蓝采和，披削爪掌是指吕洞宾、韩湘子、何仙姑、张果老。

又，此篇所述八仙所持宝器，与民间传说有异。这有两种情况，一是经过数百年，传说发生了迁变；二是《拳经》作者为了与拳法相结合，并没有依样画葫芦，而是进行了变通。

另外，此醉八仙之"醉"，多从身法、步法、风格而言，与今传统武术中的醉八仙拳多以跌扑、剪腿、摔碑、乌龙绞柱、鲤鱼打挺等地趟动作为主有异，其中有联系，但不可等同。

又，胡本《醉八仙歌》"引"是一首七言歌，与它本以曲牌形式均异，引于下以广见闻：

师授拳法号八仙，须练头颅似周巅。两肩翩作翩旋势，臂膊如同铁样坚。手肘发出如雷电，拳儿摆动似风（烟）。掌犹抵住（柱）云腾势，膝儿起去将人掀。脚勾有势人颠撞，披捎（削）抓拿谁敢先。如狂如颠身有范，东牵西扯步儿缠。教人常练神仙诀，好作金冠饮主（玉）天。

---

① "饮玉"，原作"顾"，据良轮本、国技本改。玉天，道教所说元始天尊所居之清微天玉清境的缩略语。

第一节

汉钟离①,酒醉仙。葫芦儿,肩上安。滚②来滚去随③他便,随他便。虽则是玉山颓④样,也须要躲影⑤神仙。膝儿起,撇⑥两边,起时最忌身手偏⑦。牵前踏步,带飞推肩。

【译文】汉钟离,是个好酒的仙。一个酒葫芦,从来不离肩。有人来纠缠,滚到这边滚那边,都随他的便。滚时身似跌,恰似玉山坍。虽似玉山坍,躲影如神仙。膝儿望空起,将人撇两边。起时身须正,切忌身手偏。牵住人手前踏步,带飞又推肩。

【按】此下八仙歌,都是以曲牌"耍孩儿"为格式撰成。"葫芦",喻双肩。此节所述主要为肩法、颠狂步法和撇膝法。

第二节

吕洞宾⑧,酒醉仙。背上儿,双飞剑。披手披脚随他便,随他便。虽则是

---

① 汉钟离:即钟离权。姓钟离,名权,字云房,传说中的道教八仙之一。据说是后汉京兆人,故称汉钟离。与弟简,俱为仙。因王玄甫授以道家秘要并青龙剑法而得道,曾度吕洞宾为仙。全真教奉为"正阳祖师",元人说他执掌"道教群仙录"。
② "滚",原作"让",繁体字形近而误,下一"滚"字同。滚肩,一种两肩如车轮状走弧线的肩法。
③ "随",原作"得",草书形近而误。
④ 玉山颓:古代形容高人逸士醉卧为玉山颓。
⑤ 躲影:古有一人,因厌恶自己的影子而飞奔,疲惫致死。张氏拳借之,用来比喻躲闪快捷。躲影有多种方法,参见良轮本《张横秋秘授跌打抓拿法》。
⑥ 撇:以膝撇击。
⑦ "偏",原作"便",音近而误。
⑧ 吕洞宾(798—?):唐末道士,名岩,字洞宾,号纯阳子,以字行世,又自称回道人,"回"者,"吕"字两"口"相套合也。传说中道教八仙之一,京兆人,一说河中府永乐县人。据说唐咸通三年六十四岁时中进士。后游长安,遇钟离权,经"十试",钟离权乃授以"大道天遁剑法、龙虎金丹秘文",遂得道。元代全真教奉为北五祖之一,通称"吕祖"。自宋以后,民间传说其故事甚多,后人又以宋人颜洞宾三戏白牡丹故事附之。民间形象为背挎宝剑。

两手如矢，也须要直刺牵拳①。反后步②，要身偏，偏时要闭阴囊现。从上披③下，石压山巅。

【译文】吕洞宾，是个好酒的仙。背上常插着两把双飞剑。有人来纠缠，披了手臂披脚臁，都随他的便。披时快如箭，两手上下翻。虽说快如箭，直刺还牵拳。披罢反后步，身法要偏转。偏转须闭阴，拳在阴囊现。从上披下用肩力，如石压山巅。

【按】"双剑"，喻两臂。此节所述主要为披法，或曰双披法，兼及戳击、挽手和闭阴。

第三节

韩湘子④，酒醉仙。竹筒⑤儿，手内拈。重敲轻打随他便，随他便。虽则是里裹外裹，也须要拜⑥掌填拳。鱼鼓儿，咚咚填⑦。打时谁知扫阴⑧现。去时躲影，来若翩跹。

【译文】韩湘子，是个好酒的仙。一管竹筒儿，常在手内拈。有人来纠缠，或者重敲或轻弹，都随他的便。有时里外裹，有时里外缠。虽说

---

① "刺"，原为"利"，形近而误。直刺牵拳，指一手牵人手臂，一手贴臂下向前穿腋的技击方法。
② "反后步"，或作反复步，指后脚外摆、前脚随并、身体向后斜闪的一种步法。多用于前手下翻击人阴部，也称"败势"。参六节迷拳中的"裹身斜左溜"。
③ "披"，原作"劈"，据诀文改。
④ "韩湘子"，唐代文学家韩愈侄孙，名湘，韩愈长兄韩会，会之子十二郎，湘为十二郎之子，传说中的道教八仙之一。学道于洪崖先生，能染牡丹花，红者可碧，或一朵染成五色。韩愈因上表谏佛骨，被贬潮州刺史，湘迎之商山。愈作诗示之，即文学史上著名的"一封朝奏九重天"。
⑤ "筒"，指长筒形的渔鼓，相传为韩湘子的法器。现在一般认为渔鼓是张果老的法器，韩湘子是箫。此古今有异。
⑥ "拜"，原作"插"，据富川本、国技本、汪本改。拜掌填拳，是张氏拳相连运用的一种技击手法，多走中门，指一掌下按或挽敌手，一拳向前填击敌胸。
⑦ "咚咚"，鼓声。填，鼓声沉雄貌。《诗经》："填填击鼓。"作为武术术语，填，指向对方空虚处击打的方法，有填拳、填肘之分。此指填拳。
⑧ "扫阴"，以手撩打对方阴部的一种技击方法。多在身法、步法的配合下运用。

裹与缠，插掌还填拳。另手渔鼓儿，咚咚敲的欢。敲打尚未歇，转手扫阴现。去时躲影如风旋，来时舞翩跹①。

【按】"竹筒"，喻前臂；敲击渔鼓，喻填拳。按此节所述，主要为裹缠法、填拳法，兼及撩阴法和闪躲法。

第四节

曹国舅②，酒醉仙。手儿里，拂尘翩。直肘横肘随他便，随他便。虽则是身步齐进，也须要臂③膊浑坚。顶肘开，顿肘填④，挫肘⑤谁知身坐莲⑥。臀肘右下，左臂身旋。

【译文】曹国舅，是个好酒的仙。一柄拂尘儿，常在手内翻。有人来纠缠，直肘撞来横肘圈，都随他的便。虽说身步前，手臂须浑坚。有时顶肘开胸肋，有时顿肘击膝尖。挫肘切莫忘，转臀如坐莲。臀肘一齐若右下，左臂随身要旋转。

【按】"拂尘"，旧时道家常持的麈尾，此喻臂肘。此节所述主要为肘法，有直肘、横肘、顶肘、顿肘、挫肘，并述及用肘时的身法配合。

---

① 此句是说躲闪敌人要快，回击时也要迅捷。去，躲闪；来，回击。
② "曹国舅（？—1097）"，名佾，又说名景休。传说中的道教八仙之一。宋开国大将曹彬之孙，曹太后之弟，故人称曹国舅。隐迹山岩，精思慕道，得遇汉钟离、吕洞宾，遂入仙班。
③ "臂"，原作"臀"，形近而误。它本均作"臂"。
④ "顿肘"，肘尖向下或向前运动的肘法称顿肘。主要用于捣击敌人空虚处，故曰"顿肘填"。
⑤ "挫肘"，原为"坐时"，音同形近而误。"肘"字据富川本、汪本改。挫肘，向下运动的肘法，一般须配合身法下坐。
⑥ "莲"，原作"连"，形近音同而误，据富川本、国技本、汪本改。坐莲，一种转身下坐的臀击法，如观音大士坐在莲花座上，故名。

第五节

何仙姑[1]，酒醉仙。铁笊篱，怀中见[2]。上爪下爪随她便，随她便。虽则是鸾颠凤倒[3]，也须要侧进身偏。指上爪，胜铁鞭，爪时谁知血痕见。长伸短缩，通臂如猿。

【译文】何仙姑，是个好酒的仙。一把铁笊篱，常在怀中现。有人来纠缠，上抓或下抓，都随她的便。有时如凤倒，有时如鸾颠。颠鸾或倒凤，侧进要身偏。纤纤如葱爪，胜似钢铁鞭。倘若不留意，血痕随时见。长伸短缩多灵便，恰如通臂猿。

【按】"笊篱"，喻双爪。此节所述为以爪破人面。用时要在身法配合下，上下左右翻飞。

第六节

蓝采和[4]，酒醉仙。兜的是，花篮艳。上勾下挽随他便，随他便。虽则是蜻蜓点水，也须要搬开争先。眼儿紧，望下边，望时只怕腿尖现。挽拳挽脚，裹进填拳。

【译文】蓝采和，是个好酒的仙。兜个小花篮，轻巧又好看。有人来

---

[1] "何仙姑"，传说中的道教八仙之一。相传为唐代广东增城一女子，住云母溪，因常食云母而成仙，行走如飞。又说为宋仁宗时湖南永州一道姑，占吉凶休咎，辄验。另说为吕洞宾所度的赵仙姑，名何。又说因手持荷花谐音而何姓。有多种传说。
[2] "见"，古"现"字。下"见"字同。
[3] "鸾颠凤倒"，即颠鸾倒凤。鸾凤常上下团飞，故曰颠倒。此指身法、手法的上下起伏翻转。
[4] "蓝采和"，不知何时人，传说中的道教八仙之一。据《太平广记》所描写，应是唐代人。常穿破蓝衫，一足着靴，一足跣。持大拍板，行乞于市中，醉则以脚踏地为歌，似狂非狂，老少随看，人莫之测。得钱以绳穿之，拖地上行，丢亦不顾，见贫人则与之，或买酒喝。后于濠梁间升仙。今民间形象为吹笛携一花篮。

纠缠，上勾手肘下脚臁，都随他的便。蜻蜓点水去，一霎又来点。一沾即起妙，搬开手脚争先前。眼明又细心，时时望下边。怕人腿膝起，使我遭暗算。挽拳挽脚上下翻，裹进忙填拳。

【按】"花篮"，喻勾手。此节所述主要为勾挽手和以勾尖、勾背点击的打法。

第七节

张果老①，酒醉仙。拿的是铁栗片②。拿来拿去随他便，随他便。虽则是金丝缠绕③，也须要骨反④筋偏。身窈窕，采摘坚，采时离托人前面⑤。拿拳拿掌，后手紧拈。

【译文】张果老，是个好酒的仙。手中握的是两块铁栗片。有人来纠缠，拿来使跌拿去颠，都随他的便。金丝缠绕紧，擒拿宛转圆。虽说缠法精，骨反筋须偏。身法要灵软，采摘更须坚。采时须托起，身形要偏转。不管拿拳与拿掌，后手要紧挽。

【按】"铁栗片"，即拍板，喻两手掌。此节所述主要为擒拿法。

---

① "张果老"，即唐人张果，传说中的道教八仙之一。唐人小说谓其为浑沌初开时一只白蝙蝠精，自称是尧时丙子年人。其传奇故事主要见于《唐人说荟》。隐于山西中条山一带，常往来汾晋间，唐初累征不赴。常乘一白驴，日行数万里，休息时叠之，其厚如纸，放小箱中，骑时以水喷之，复成驴。玄宗时赴阙，赐通玄真人，异事甚多。民间形象为倒骑驴。
② "铁栗片"，栗木做的拍板。铁，喻其坚。栗木，一种壳斗科落叶乔木，木质坚硬，暗褐色。
③ "绕"，原作"洗"，形近而误。它本均作"绕"。
④ "反"，原作"及"，形近而误。它本均作"反"。
⑤ 此句是说，"采"时要把人离地托起，且要侧身，不能正面对敌。采，一种擒拿技法，太极拳八法之中有采法。

第八节

铁拐李[①],酒醉仙。倒戴的,金刚圈。左投右撞[②]随他便,随他便。虽则是黄莺磕耳[③],也须要脚管肩先。脚儿弯,好勾臁,勾时郑重人后面。翻身进步,身倒脚掀[④]。

【译文】铁拐李,是个好酒的仙。头上倒戴着一个金刚圈。有人来纠缠,左躲右闪影难见,都随他的便。黄莺磕耳罢,又向腋下钻。下钻须快疾,脚管肩入先。脚儿弯弯顺,好勾人腿臁。勾时要郑重,身在人后面。翻身进步忙闪过,倒插脚上掀。

【按】此节所述,主要为双拳合击对方耳门的抱拳法和勾跌法。

《醉八仙歌》,是以曲牌形式和韵语撰写成的拳术歌诀,较难把握,但只要对此前基本理论、基本方法、基本术语熟练掌握了,自然能了然于心,从中得益。

---

① "铁拐李",即李铁拐,传说中的道教八仙之一。相传姓李名玄,曾遇太上老君得道。自谓熟睡时,为徒误焚,其魂遂附在一饿死者身上,蓬头垢面,坦腹跛足;以水喷所倚竹为铁杖,故名铁拐李。一说宋徽宗时有刘跛子,于湖南潇湘遇吕洞宾得道,行灵龟吞吐之法,自号潇湘子。民间将两者合为一人。其形象为拄铁拐,拐上悬一酒葫芦。
② "投撞",指身法的跌靠。
③ "黄莺磕耳",以双勾拳背合击对方双耳门,即现在的双峰贯耳。
④ "身倒脚掀",对挞法的描述。挞法,脚向后蹬、手向前推的跌法。今八极拳、南充拳中称"翻打"。

死手解救

【题解】此篇讲述处于被动或危险情况下的解救法。一招即出，转危为安，故曰死手解救。

敌人起身，或扭我胸，或箍我腰，一时无法可制。我将二中指望两眼插进，又将大指望鼻中勾进，望前一拖，敌人自然松放。此法名为"二鹰捉兔"。

敌人拳来正狠，无可躲闪，而我用双手望下一拨，随用伏①腿钻心踢②之。此法名为"火焰钻心③"。

敌人当心进来，我亦不用挑、不用打，只望胸窝口一肘顿下。此法名为"钉心肘"。

敌人当面扭我胸，我手拿住他手，随以身倒退，用反掌望喉咙一剐。此法名为"双刀杀鸭"。

敌人当面箍住我腰，我亦双掌望喉咙一剐。须以手根④着力。此法名为"双反刀"。

有人背后将我两手箍住擒起，我将两手紧紧带住敌人袖口，只将右脚一缩，望他人脚膝上一桩⑤，自能解救。此法名"猛虎出柙"。

敌人一拳打来，而我即以手拿住，须要反骨筋偏，后将压肘望人手肘节缝边一顿下，则敌人之手自然折矣。此法名为"斧头打凿"。

敌人将我胁边箍住，我将手望喉一夹来，须用肩头逼他喉，他自然双手放动。此法名为"夹剪封喉"⑥。

---

① "用伏"，原作"后"，据国技本、汪本改。伏腿，暗藏埋伏之腿，一般多用后腿。戚继光《拳经捷要篇》有"埋伏势"可参看。
② "踢"，原作"剔"，音同而误。剔，指以脚尖对人膝头和臁骨处使之，与"钻心"不同。国技本、汪本均作"踢"。
③ "火焰钻心"，戚继光《拳经捷要篇·神拳》有"火焰钻心"，所指为拳法，此为腿法。国技本作"伏腿钻心"。
④ "根"，原作"跟"，音形相近而误。
⑤ "桩腿"，以低腿短促踩击敌方站立之腿。
⑥ 以上二条原缺，据国技本补。

敌人当面箍住我腰，我亦照样箍住他腰。我先仰天跌倒在地，将膝望彼小肚一缩，双手望后一送，彼虽力大之人，亦易解矣。此法名曰"狮子滚球"①。

【译文】敌人突然起身，或抓扭我胸，或从正面箍住我腰，一时没有办法破解。此时我将食指和中指往敌两眼插去，同时将大指勾进对方的鼻孔，向前一送，敌人自然松开。此法名为"二鹰捉兔"。

敌人来拳又猛又快，我一时无法躲闪，只须两手向下一拨，随即以在后的伏腿钻心踢之。此法名为"火焰钻心"。

敌人对着我心口直击来，我也不用挑、不用打，只肩一转，对其胸口一肘顿下。此法名为"钉心肘"。

敌人当面扭住我胸，我反拿住他双手，随即身向后坐，引其前来。继之回身前探，两手覆掌一抖，用反掌往其喉咙一剧。此法名为"双刀杀鸭"。

敌人当面箍住我腰，我掌根着力，用双捧掌向其喉咙捧切。此法名为"双反刀"。

有人从背后箍住我两手并将我擒起，我将两手紧紧带住他袖口，只将右脚一缩，照其膝上或胫骨上一跺，自能解救。此法名为"猛虎出柙"。

敌人一拳打来，我即用手拿住并翻转，使其肘关节朝上，继之用另一拳或肘，向其肘关节上一击顿下，则敌人的手自然被折断。此法名为"斧头打凿"。

敌人用双手从胁下将我箍住，我即用两仰掌向其喉合切。还须用肩头前逼，他自然松手。此法名为"夹剪封喉"。

敌人当面用双手箍住我腰，我也用同样的方式箍住他腰。我先仰天向后跌倒，将膝盖朝他小肚上一缩一蹬，双手往后一送，即使他是力大之人，也很容易解脱。此法名为"狮子滚球"。

---

①此条原缺，据汪本补。

拳法备要

【题解】所谓"拳法备要",是将拳技要点单独编成歌诀或将关键文字集中在一起,以备经常温习,从而达到增强记忆、快速掌握的目的。拳法虽说千头万绪,实际上也就是身、手、步、眼、气而已,这与黄百家《内家拳法》所说的"敬、紧、径、劲、切"五字,可谓殊途同归。

【按】曹注本《拳法备要》分为三部分,即"总歌诀"至"道勿滥传"为第一部分,图式为第二部分,"交盘口诀""颠狂歌诀"以下为第三部分。从目前所掌握的资料看,不论是歌诀还是图式,均非曹焕斗所撰,它在张横秋时就已存在。

良轮本所载"拳法备要",仅有"总歌诀"至"道勿滥传"八歌,编在"临场切要"之后,应是"拳法备要"的原貌。曹注本"备要"中的图式、第三部分文字、歌诀,作为"备要"似觉牵强,应是先后抄缀在一起的。其在布局上,将图式夹在前后文字中间,也似有乖书体!

基于以上分析,笔者认为"拳法备要"应是原《拳经》的一部分,故此处不另立卷,仅作为一级子目处理。图式放最后重排,文字则一仍其旧。

总歌诀

舒形[①]立势袖填拳,掌按阴阳次第掀[②]。审势分明知躲闪,防身斜侧识端偏。进攻推托步偷半,插打搬拿学贵全。欲不临场心手乱,闲居发奋读斯篇。

【译文】舒展形体,立下架势,一手后挽,另一手顺袖进拳。掌的运用,要按阴阳变化,次第挽托搬掀。两眼紧盯敌人,将其来势看清,才知是直进还是躲闪。保护自己,防敌攻入,身体要斜侧偏转。进攻时连推带托,须向前偷进半步;或插、或打、或搬、或拿,手法贵周全。要想临场时不致心慌手乱,平时要发奋研读此篇。

---

① "形",原作"衫",形近而误,且"形"与"势"字义相协。良轮本、汪本均作"形"。
② "掀",原作"间",据汪本改。

身法指要

头端面正手平分，直竖身腰①腿护阴。斜立足分丁八字，势如跨马挽弓形。脚跟②不浮身便稳，足指须跷摆捉灵。肘③动脚跟同进退，肩投腰衬臀④齐行。反伸复缩随舒卷，偏闪腾挪势势承。练习常如寡敌众，横冲直撞莫留停。

【译文】头端面正，两肩合裹，两手上下或左右平分；身腰要直竖坚挺，两腿护住裆部。斜立时两足或"丁"字步或"八"字步，不可齐顿；其势如跨马挽弓，身形要侧对敌人。脚跟不浮，十指钉地，身躯便可平稳；进攻时前脚大趾跷起、小趾边贴地，这样才能摆扣灵敏。肘前冲或后挫，脚要同时进撤；肩左右靠撞，腰必相衬，臀也要一齐逼进。手臂的反复伸缩，要随着身法舒放收卷；身法的偏闪腾挪，要势势相承，节节相因。平日练习，要常设想是在以寡敌众的情况下；用时则横冲直撞，不可停留半分。

手法指要

撑拳托掌若风烟，劈砍抓拿⑤势贵偏。挺去牵来脚管硬，勾搬裹挽削披连。三盘⑥内外须纯练，前后高低浑打全。一日无间⑦三岁满，包能发手倒山巅。

【译文】拳的撑打，掌的上托，要快如风烟；对敌时，或劈或砍，或抓或拿，贵在体势偏转。敌进我牵挽，敌退我挺去，须先以脚将其牢牢封管；勾搬、裹挽、披削之法，要环环相扣，招招相连。边、中、外三盘的进攻，须习练纯熟；前后高低的招法，也要浑打周全。若能一日不停地苦练三年，包你发手便能打得山峰倒坍。

---

① "腰"，原作"昂"，据汪本改。
② "跟"，原作"腿"，据良轮本改。
③ "肘"，原作"脚"，草书形近而误。据良轮本改。
④ "臀"，原作"豚"，音同而误。据良轮本改。
⑤ "砍"，原作"欲"；"拿"原作"掌"，均形近而误。据良轮本改。
⑥ "三盘"，指边盘、中盘、外盘。今人所说三盘，多指上、中、下三盘。
⑦ "间"，原作"闲"，殆由古"闲"字有"间""闲"义而误。

步法指要

两膝微弯①力自然，撑前箭后练成坚。之从顺闪腾挪便②，玄经斜击反回圈。翻覆旋顾③肩平硬，膝雄跟踹带勾廉。跟落趾④悬神化用，轻浮坚固步中玄。

【译文】两膝微弯，力的运使才能自然而然；前腿弓撑，后腿如箭，要练成钢铁般浑坚。"之"字步是顺着敌人来势，右脚向前斜闪，这样才腾挪转身，十分方便；"玄"字步是左脚外开，再回身圈内，斜击披砍。步法须随着身法翻转，回旋相顾；肩臂也要平稳、坚挺，裹靠向前；雄猛的膝撞之后，须继之以脚跟的蹬踹、脚尖的勾弹。脚跟碾地、大趾悬跷，步法才有神化之用；轻而不飘、浮而有沉、稳实坚固，步中的奥妙，玄之又玄。

眼法指要

两眼睁睁若朗星，头端审视更分明。照⑤前顾后疾如电，展动周旋似转轮。觑定敌人身手脚，乘虚攻击快⑥如神。临场对敌人难近，全在双眸练得清。

【译文】临敌时，两眼要炯炯有神，如明朗的双星；敌人头端的动转，是变化的征兆，更要审视分明。既照前，又顾后，眼光要迅疾如电；上下周旋、左右扫视，两眼如轮轱转动。眼光要觑定敌人身、手、脚出现

---

① "弯"，原作"湾"。或为明清人习惯用法。《苌氏武技书》同此。
② "便"，原作"步"，据良轮本改。
③ "顾"，原作"风"，据良轮本改。
④ "趾"，原作"指"，义相通。
⑤ "照"，原作"点"，繁体字形近而误。据良轮本改。
⑥ "快"，原作"法"，据良轮本改。

空虚的刹那，立即攻击，快捷如神，必定取胜。若要临场对敌，使人难以近身，全在双眸练得清朗敏捷。

气法指要

紧闭牙关口莫开，口开气泄力何来。须知存气常充腹，煞手休将气放怀。回转翻身轻展动，贯①通筋骨壮形骸。终朝习练常如是，体质坚牢胜铁胎。

【译文】习武行拳，要牙关紧闭，口不可开；口开气泄，气泄身软，力将从何而来。须知气要常蓄并充满小腹；即便是煞手之时，也不可将气放出胸怀。身势回旋翻转时，气要随之轻灵展送；这样才能贯通筋骨，强壮四肢百骸。终日按此法练习不辍，则体质坚实力壮，胜似钢骨铁胎。

百法同源

个中奥妙最②深玄，道在师传学在专。拳法千般学不尽，机关万种卒难言。总之熟便能生巧，处处相承节节连。诸般器用成每势，一法疏通百法全③。

【译文】拳法中的奥秘最为深妙玄远；拳理在师傅传授，而学练则贵在自专。拳法有千种万种，穷尽毕生精力也难以学完；机关变幻莫测，林林总总，难以说完。一言以蔽之，熟练便能生巧；还要处处相承，节节相连。拳之每势都与器械相通；拳法精通了，则器械百法自然能理解周全。

---

① "贯"，原作"灌"，音同而误。据良轮本改。
② "最"，原作"在"，据良轮本改。
③ 此两句原缺，据良轮本补。

道勿滥传

百般砥砺始能成，费尽精神用尽心。蓟[①]暴锄奸方可用，恃[②]强逆理莫欺人。贤良秘授纾危困，邪妄休传害众生。大道等闲若轻授，须防九族尽遭刑[③]。

【译文】经过百般砥砺，拳法才能臻于上乘；真是日积月累，费尽心血，用尽精神。功夫上身，蓟暴锄奸方可使用；切莫恃强逆理，欺压良民。薪火相传，须秘授贤良君子解危除困；休传于邪妄之辈，危害众人。倘不以此为戒，将拳法大道轻易传授，须提防九族尽遭天谴。

交盘口诀

【题解】交盘，指在游戏场或实战中，双方灵活地遵循一定的盘口，你来我往，彼此交手，故称交盘。其义与走盘、临场相近。

【按】此题虽名为诀，然其下一段文字，显非韵文。文后原有二十八幅图式，将这些图移出重排后，其下便是七首歌诀和一段"论下盘秘要"的文字。从其内容看，也是交盘的窍要。其所以夹有图式，或是抄时所羼（chàn）入，今并入"交盘口诀"之下。

大凡交盘之法，先固自己，再应他人，内外用力。须[④]知上来下去、左来右去之妙。第一不犯硬[⑤]，第二不犯交架。或寒鸡步进[⑥]，或压步[⑦]进，或雀步

[①] "蓟"，原作"剪"，两字古今义有别。
[②] "恃"，原作"持"，形近而误。据良轮本改。
[③] 此下原有"步法之图"，已移入图式重排。
[④] "须"，原作"彼不"，据国技本参酌改。
[⑤] "硬"，原作"破"，形近而误。据国技本、汪本改。
[⑥] "进"字原无，据上下文义补。寒鸡步，一种步法，左脚外开站立，右脚提起，左手放右肩外，右手放左肋边，眼向右看。反之亦可。参见八仙醉步图式。
[⑦] "压步"，出步即压靠敌人之腿，使其难以动转。

进①,或颠狂步进,或梅花步进,或之字步进,或玄字步进,或回龙勾步②进,总要配合身法。手不可过肩③,胸不可挺,胁不可开,臀不可露;不可迟滞,不可惊畏,着着在人空处血道边,必无轻放。手为规,足为矩。规矩成,则百法备矣④。

【译文】总的来说,交手走盘之法,先要保护自己,再去应付他人。要内外用力。须知敌人从上来我由下破、从左来我向右破的奥妙。第一不要硬抗,须顺势借力;第二忌纠缠不清,要善于解脱。或用寒鸡步进,或用压步进,或用雀步进,或用颠狂步进,或用梅花步进,或用之字步进,或用玄字步进,或用回龙勾步进,总之要与身法配合。手不可高于肩,胸不可向前挺出,胁要夹不可敞开,臀不可向外撅露。行动不可迟滞,不可有惧怕之心,招招打在敌人空虚之处和血道边,不可轻放。手如规之圆,足如矩之方。规矩一成,则百法俱周密完备矣。

【按】汪本有注曰:"步法之要,全在活泼。其快如箭,其力(入)如针,可长可短,能出(屈)能伸。进则无形无影,退则两败(雨散)风停。不可迟缓,不可硬坐,乃其要诀。"

颠狂⑤歌诀

颠狂妙着孰⑥知音?一闪一消便进身。他若卸身搬桩着,左来擒结可相亲。

【译文】颠狂步的妙处,谁能参悟得透彻明白?其法是敌人来时,我一闪一消,便立即向前进身。他若卸步后退,我则进步搬抄其腿,使其桩

---

① "或雀步进"四字原缺,据国技本、汪本补。雀步,如麻雀般跳跃前进的一种步法。
② "回龙勾步",扣步回身,摆里脚,以后脚勾敌之腿的一种步法。有左右之分。
③ "肩",原作"眉",形近而误。手不过眉或影响视力,不过肩则视野开阔。据汪本改。
④ 此下原有二十八幅图,已移入图式重排。
⑤ "颠狂",颠狂步,跳跃着向左右躲闪的一种横开步法。
⑥ "孰",原作"熟",音同形近而误。国技本、汪本作"谁",义同。

步不稳。他若向我左来，我则横开左步，右手接，左手擒，脚管肩压，使其难以脱身。

【按】此为走外盘。躲闪时多用外手托、里手撞，脚从外管其脚。颠狂步可左可右。

双闪[①]歌诀

拨肘闪步如虎狼，左右靠山不可当。外加两步勾撑踹，八阵图[②]中世少双。

【译文】敌人打来时，我从边门拨推开敌人来肘，圈步闪进，要猛如虎狼；进步后可左靠右撞，如山陡来，使敌不可抵挡。继之两脚连勾、带撑、加踹；这正如诸葛武侯的八阵图，举世无双。

【按】此为走边盘。敌人打来，我后脚圈步而进，一手拨开敌肘，并以肩向前靠撞，同时以脚勾撑踹敌腿。参见图式中的"汉钟离"。

寒鸡步诀

寒鸡一步来卖脚，君家贪抢不知觉。左擒右就必拿起，傍人笑我心肠恶。

【译文】一脚站立，一脚缩起，如寒鸡提脚的模样；他人以为有机可乘，却不知其中有玄机暗藏。左手擒其来手，右手拈住其肘，脚步管在其后，敌人必被拿起。且让他人去说我心肠恶毒。

【按】敌人打来，我由内门横步一跳，提右腿。此走内门，也可走外门。参见图式中的"八仙醉步图式"。

---

① "双闪"，双闪步，向左右圈进躲闪的一种步法。
② "八阵图"，相传三国时蜀相诸葛亮破东吴陆逊时，曾布下八阵图，变幻奇妙，易进难出。

铁牛耕地[①]

耕地势来指面庞，泰山左压右掀桩。不露臀兮肩着力，脚跟铁打也难当。

【译文】铁牛耕地之势，是由下而上直指敌人的面庞；继之，我左手如泰山下压，右手可掀翻敌桩。臀部不要外撅，肩要着力掀扛；即便是铁打的脚跟，也难以站稳停当。

【按】此为走中门，与戏珠、金瓶倒水相类。

闪步歌诀

闪步边锁原是惊，左扫右刷为真情。泰山封闭用仙着，打伤狼狈不知音。

【译文】闪步边盘锁敌，原是使之惊恐；右脚左扫、双手右带，才是我的真情。继之封闭敌人要像泰山一样难撼；敌人被狼狈打伤还懵懵懂懂。

【按】此为走边门。左右边扫，类似于今戳脚中的"转技步"、四川南充拳中的"闪让跌"、八卦掌中的"小鬼推磨"。

左右铁扫

左右两边扫，滚步一边靠。顺入加颠狂，回踢打穴道。

【译文】我左手挽敌左手，右脚滚进前扫。或右手挽敌右手，左脚滚进前扫。不管是左扫还是右扫，要与敌背背相靠。顺势而入，如颠似狂，

[①] "铁牛耕地"，一种走中门的打法。一手挽敌手，一手由下向上挑打敌面。继之前手向外压拿，后手擒住敌臀，合力向一侧掀甩。后一动古称"金瓶倒水"，今称"老僧脱衣"。

身法巧妙；身步再旋，脚踢拳捶，打其穴道。

【按】此旋身打法。如敌左手来，我左手接，右侧滚进与敌背靠背，再翻身击打。类似史式八卦掌中的"回头掌"。

论下步秘要

臀力全见之于坐下与左右据①。身法倒左则摆左②，倒右则摆右③。实如其所至，则敌人脚不能粘，且一身俱紧密。此第一要着也。

脚步之法，全在活泼。其快如箭，其利如针，可长可短，能屈能伸。进则无形无影，退则雨散风停。不可迟缓，不可硬坐。此脚法之要领也。

【译文】臀部的力量，全表现在向下坐与左右占位。身法向左倒则臀部向左摆，身法向右倒则臀部向右旋。确实能做到如此，则敌人无法管住我脚、粘住我身，且能使我一身俱周密无间。这是臀法的第一要义。

脚步之法，全在于活泼轻灵。要快如离弦之箭，利如入缝之针。步可长可短，腿能屈能伸。进则疾不留影，退则雨散风停。不可迟缓，不可僵硬。这便是脚法的要领。

少林寺短打推盘④步法

两下合掌挤⑤步行，着地⑥拨势认分明。若还连珠之步⑦进，左右两拗随后

---

① "左右据"，左右下坐。据，占据，蹲坐。即"观音坐莲"。当敌人管腿时用之，较挞法更快捷猛狠。
② "左"，原作"右"，与"周身秘诀十二项"之"臀第九"相反，亦难以应用。据汪本改。
③ "右"，原作"左"，误。理同上。
④ "推盘"，两人按一定的盘口，左旋右转，攻防搏击，推转而行。义同走盘。
⑤ "挤"，原为三"客"字组成的品字结构，古"挤"的会意字。
⑥ "着地"，即落地。指脚落下时的占位、落脚点。
⑦ "连珠之步"，"之"字步相连前进如珠贯穿。之步的完成共三步，可产生两个拗步。故它本"之"字有作"三"字的，然似是而非。

跟①。连珠步进单鞭②出，回马③则用撒步④行。倒骑龙⑤势梅花⑥步，谨转开门⑦认分明。梅花五步牵连进，拗单鞭⑧众⑨势法门。他若高时高探马⑩，我若低盘雀地龙⑪。一上一卸一补着⑫，此是盘中第一功。有人识破此中妙，敌纵高强莫逞雄。⑬

【译文】两人搭手合掌，两腿相挤，旋转而行；脚步落在何地，手掌如何推拨，都要一眼看得分明。若用连珠似的"之"字步逼进敌身，则左右两个拗步要随后跟进。以连珠步进攻时，手臂要同时以单鞭甩出；扣步转身回马时，则以一撒步快速进攻。倒骑龙的回冲、梅花步的挚入，都要先把开门之法想定。梅花五步的转身进入，须牵连不断；拗单鞭立势后，可变换各种势法继续进行。敌若从高处打来，我则用高探马接打，或用雀

---

① "前后两拗随后跟"，"之"字在完成过程中，必产生两个"拗步"。两拗步不能落下，要随即跟并。
② "单鞭"，指手臂如鞭斜上甩出，有顺单鞭和拗单鞭之分。连珠步初起时，单鞭随出，此时为顺单鞭；后脚在前扣步时为拗单鞭。
③ "回马"，即"之"字步的扣步回身。又有一种"勒马步"，也称"回马"，与"之"字步回身手法不同。此动类八卦掌的"扣步转身"。
④ "撒步"，即撒开步之义。戚继光《纪效新书·拳经捷要篇》称"一霎步"。此指"之"字步扣步回身，再摆里步、上后步。类似八卦掌的回身穿掌。
⑤ "倒骑龙"，指一步向前盖压另一步，两手后摆，回身视敌的一种步法，被认为是佯输诈走诱敌的一种势法。戚继光《纪效新书·拳经捷要篇》中有"倒骑龙"。
⑥ "梅花步"，一种行走轨迹类似梅花的步法，"有太极之义，以步步占中心为主"。含五种接手法、击打法、闪身法和进身法。梅花五步，牵连相进，循环无端，出而再入，步步缠打，是一人对多人的攻防步法。参见图式中的"梅花五步"和相关注引。
⑦ "开门"，敞开门户。倒骑龙、梅花步回身时，均有短暂的开门时间，此时敌易攻入，故曰"谨转"。
⑧ "拗单鞭"，一手在前鞭出，另一脚圈步在前的势法，称拗单鞭。这是一个非常巧妙的势法，能变化出多种势子和打法，故曰"众势法门"。参见戚继光《纪效新书·拳经捷要篇》中的"拗单鞭"。
⑨ "众"，原作"下"，据汪本改。
⑩ "高探马"，一手后挽敌手，一手前探的势法。因身法较高，故称高探马。有顺步势、拗步势等多种，是一种巧妙多变的势法。据说传自宋太祖赵匡胤。顺步高探马，一般是一手后挽，另一手前探，探手之脚在前；拗步高探马则探手之脚在后，手法与顺步同。戚继光《纪效新书·拳经捷要篇》有"高探马"。
⑪ "雀地龙"，一种以雀步前跃、坐身下俯、一脚与同侧手前伸的一种步法或势法。戚继光《纪效新书·拳经捷要篇》有此法。
⑫ "补着"，补上一着。上打下击仍没打着敌人，再换手从中部续进一着，故称补着。着，即招。
⑬ 此下原有"梅花五步法""之字步法""三角步法"三图，已并入图式之中重排。

地龙下避其锋。一上击、一下卸、中间再补上一招，此是"短打推盘"第一要功。学者若能识破其中奥妙，敌纵高强，也休想逞强称雄。

【按】此推盘步法中有许多势名见于戚继光《纪效新书·拳经捷要篇》，除前已引者外，其余引于下以作参考。

拗单鞭：拗单鞭黄花紧进，披挑腿左右难防。抢步上拳连劈揭，沉香势推倒泰山。

一霎（撒）步：一霎步随机应变，左右腿冲敌连珠。恁伊势固手风雷，怎当我闪惊巧取。

倒骑龙：倒骑龙诈输佯走，诱进入遂我回冲。恁伊力猛硬来攻，怎当我连珠炮动。

探马势：探马传自太祖，诸势可降可变。进攻退闪弱生强，接短拳之至善。

雀地龙：雀地龙下盘腿法，前揭起后进红拳。他退我虽颠补，冲来短当休延。

张横秋拳经图式①

【说明1】《拳经》中的图势（式）有两类。一是与正文有直接关联的，二是独立的势法。前者已插入正文中。兹将独立者集中在一起进行诠释，以便条目清晰，便于习练。

【说明2】明清古拳谱中的图式，多绘某个势或某种接手法的临变状态，即关键之势，很少绘开始的出势。出势是当时习武之人都了解的，因此多数省略。至于临变状态后如何接续，多是依靠文字描述。这和今天的拳谱类似连环画不同。

图式绘制和拳法描述，都有一定的程式，这在当时是约定俗成的。不了解这些程式，是读不懂明清古拳谱的。那么当时都有哪些程式呢？

首先是出势。出势也叫起势、立势，即对敌之初所立下的架势。这分两种情况：一是敌我双方都是左脚、左手在前，这叫"左顺势"；二是我左脚、左手在前，敌右脚、右手在前，这就是我"左顺"敌"右顺"。以后者居多。至于拗步势，是变法，不在起势之内。"右顺势"是由左顺势进攻后的瞬间定势，很少有人初起就以"右顺势"对敌。

图式所绘、文字所述，一般只讲"我"，也就是"守方"。至于对方如何动，可按拳理去体会，这受到儒家文化影响。这从戚继光《纪效新书·拳经捷要篇》和张氏《拳经》可知。

明清人的出势，多为"直行虎法"，即左手左脚在前的左顺势。这是因为人右侧肢体多力。人们为了利用这种不均衡，多以左顺势待敌，以右势进击。

---

① "图式"，二字原无，此为校释者所加。

首先，左顺势一般有两种立势方法：一是左脚踏实，右脚跟提成虚步，这种步有利于接变"之"字步、勒马步、站步式等；二是后脚踏实，左脚稍退成虚步，这种步有利于接变"通怀步""玄"字步、各种八仙式醉步。人们多认为先出手者破绽多，主观上想后发制人，故以左顺步为多。明清古拳谱上的图式、描述，也多是以左式为基准点的。

其次是门。不得其门则两相触，难以近敌身。如果我以左顺势主动诱敌，这种"叫门"，今称"引手"；倘敌人接手，我则上右步、进右手击打。若敌人叫门，我不待敌人换势，即上前接手，同时进右步击打。

门有多种。边门是指敌我用同侧之手从外相接，我进步以内侧靠近敌人外侧，这叫"走边门"。如此则有左边门和右边门。但明清人一般只讲左边门，少讲右边门。因为我左顺势对敌，若走右边门，则须横左步再上右步，这就慢了一步，不如直接摆前步、进右步快捷。更多的情况是我取左守势，敌进右势打来，这有两种破解方法：一是我前手从敌右手内接手，进右步直入敌裆，以右手击敌，这就是进"中门"；二是我左脚外开一步，左手向里托掩，同时进右脚于敌身外侧，右手击打。这就是进"外门"。当然，不管进哪门，都有许多变式。

张氏拳不称"门"，只称"盘"，有"边盘""中盘""外盘"之说，后期又有"左右边盘""左右外盘"，这样加上"中盘"，合称"五盘"。其实只是称谓不同而已。有没有"前盘"呢？张氏拳中无此说，但从其"双管秘法"看，似乎也可称之"前盘"，但它是从边盘变化而来的。戚继光的"顺鸾肘""倒插势"，即类似此打法，这在今天的八极拳中用的也很普遍。

门还有多种称谓。如按站立的方位说，我之左前方为"龙门"，中为"蛇门"，右前方为"虎门"，此只见于剑术。另外，从枪棍等长器械说，凡器械以内称"大门"，以外称"小门"。

最后是步。步法在各派拳法中称谓不一，这里仅以张氏拳为例。在以左顺势对敌时，凡主动出引手或接敌之手，必先左脚向敌左脚外稍进半步，此称为"偷步"，然后右脚裹进，左脚跟并，称为"之"字步；凡敌人右脚、右手已打来，我左脚向敌右脚内稍摆进，此称为"奸步"，继之右脚直进敌中门，此称为"通怀步"。若我左脚向外横开一步，继上右脚于敌右脚外，此称为"玄"字步。张氏拳中还有著名的"梅花五步"，这是由一人对多人的步法，下面还要细说。由之字、玄步、奸步、偷步还可化出多种步式，更有由边入内、由外入内，由内入边、由内入外之变化，学者宜细心体会之。

至于身法、打法、踢法、跌法等，都有一定的名词术语和内涵，前后均有述及此处就不多说了。

【说明3】蟫隐庐本（本书校释底本）原附图式计34幅。其中有4幅与前后文字有直接关联，如"下盘细密秘诀"所附图式，则仍插入原处，无关联者放在这里重排。这一类图，有些前后有一定的顺序性，多数则凌乱无系统。重排按习拳规律和以类相从的原则，由简到繁、由易到难予以条贯。目的是让习拳者前后观照，循序渐进，掌握要义。

张氏拳这类图式，在各抄本中所处位置是不同的，有的放在前，有的放在后，少数则插在中间；有的多，有的少。从对比中可知，曹注本多于三昧本，而汪本又多于曹注本，可见它们有逐步增多的趋势。这些图式对理解拳术奥义十分重要，是拳谱的组成部分。

通怀步法

通怀步之说，仅见于良轮本，曹注本无，国技本作"催步"，是一种直入中门击敌的步法。在国技本、蟫隐庐本、汪本中，"下盘细密秘诀"中的"中管秘法第二"，与步法中的"奸步法"，应是这种步法。但这三个抄本，都错误地把"玄"字步释为走中盘步法。这是把"奸步法"等同于"玄"字步。实际上，奸步法是左脚稍摆一下，仍在对方右脚内，我之后（右）脚仍是进对方中门，即"让中不让"也。"玄"字步是左脚外开（跌）一步，右脚从对方右脚外进入对方身侧后，即"回回步"，也称"反煞步"，然后行变化。

通怀步式如图2-1所示。最下一圈是右脚，中圈是左脚，最上一圈是右脚。前两圈所示是左脚前、右脚后的出势，上圈所示右脚进中门后的位置。

【按】通怀步是重要的步法，它不仅可以直入中门以降力弱，更可以从"之""玄"步的边门、外门，化为通怀步进入中门。所以校释者据良轮本补之。

图2-1

图2-2是良轮本所附简图。

下部所示"两脚"是最初的立势，左前右后，其注曰："速移左步射挞入敌怀中，使其无可更变也。""若将左右步卸退于左，则成卸步躲影也。"

上部所示为进右脚后的状态，其注曰："敌即措手不及，分必退让，我乘虚因势，随进右步，用撩海捣空以攻之，即无即不觉也。"

《张横秋秘授跌打抓拿法·大法蹁跹通身怀步图式》："通怀者，即蹉身躲影也。此则直步入怀，以降力弱，乃陡然蹁跹之势，即所谓腾挪偏闪也。虽曰以降力弱，实为身步大旨。志于拳技，当体认为经纬，则百法已自无遗。学者宜深味之。

立势以前足微弯，后足略直，将上身推排向前，紧对敌人。倘彼攻进，即侧身往后一蹉，变成坐马开弓，悬虚左足，以左手圈压敌人手足直下。

诀曰："通怀步直封，侧坐好开弓。力雄'之'字闪，敌弱对怀冲。蹁跹因此理，腾挪一总宗。蹉身犹躲影，百法尽流通。"

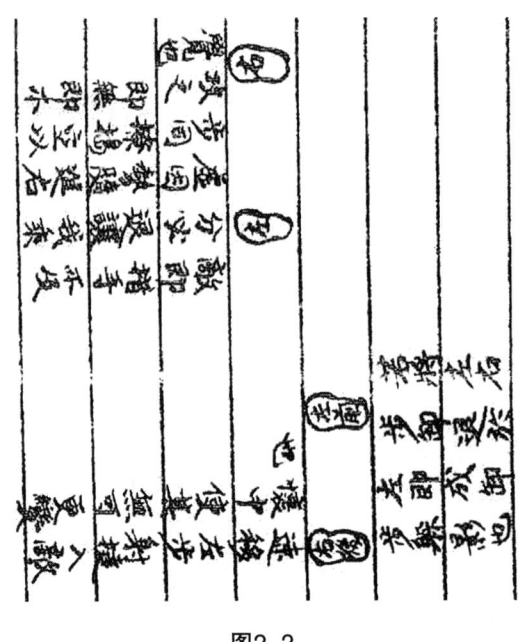

图2-2

【诠释】此据良轮本对通怀步的用法稍作串释：当我左脚、左手在前时，敌人以右脚、右手向前进攻。倘敌人比我力弱，我则用左脚、左手向前推排，迅速射进敌人怀中，敌人措手不及，必定退让，我则乘虚因势，随进右步，用撩阴捣海之法或钉心肘攻之，敌人必败无疑。倘敌人比我力强，我则上圈右步，扣步回身，此即"之"字步。此时我已闪到敌人身后，再回身击敌。倘初始时敌人快于我，我来不及进中门或左右躲闪，则身体后坐（蹉），左足虚步，成坐马开弓势，用左手向下圈压敌右手，再回身上左步进攻敌人。也可将左脚退到右脚后，右脚跟并，成卸步躲影，再上右步接敌。

之字步法

之字步，因其运行轨迹像"之"字而得名。其作用是为了闪身于敌后，以避开敌人的进攻，造成我顺人背之势。它是以左脚、左手在前的立势或左肩出势式为起势。敌人来时，我以左手挽其左手，同时左脚稍偷一步，或略摆一下，继之右脚前圈扣步回身。"之"字步类似八卦掌左转中的"摆扣步"。

之字步常与"玄字步"配合使用。本《拳经》"步法"歌诀说"须知玄步从之换，之字串步要紧忙"，即是指两种步法的配合运用，同时也说明"之"字步必须串接迅速。"少林寺短打推盘步法"也说"若还连珠之步进，前后两拗随后跟"，又指明了对"之"字步的要求。国技本中亦有同样的说法。

"之""玄"两字，取自老子《道德经》第一章中的"玄之又玄，众妙之门"。张氏拳借用"之""玄"两字名步，恰好说明此两种步法蕴含着无穷的神奇和玄妙。

图2-3中最下圈为左脚，第二圈为上步后的右脚；第三圈为再上步后的左脚，如此连续圈走，这便是"之字串步"。此图省去了起势时的右脚位置。

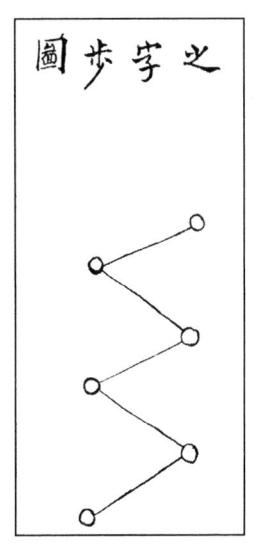

图2-3

【按】蝉隐庐本没有专论"之"字步的文字，殆是抄录时丢失，国技本、汪本均有。此据国技本补之如下：

"论之字步：前虚后实，后脚必从前脚边跌出，略带凝，如勒马状式，通身一齐着力，所谓'百骸筋骨一齐收'也。又，双管抢步、外管、边管，俱是之字步脱化。"

良轮本对"之"字步的描述更加清晰明了，便于操作。节之并串释如下：

《张横秋秘授跌打抓拿法·之步图诀》："之步者，乃闪身躲影也。以左足半立，将右足跟提，则有虚实运[①]用之妙。"名曰"雌雄脚"。因敌相胜之法，无至如此矣。

---

① "运"，原为"逄"。繁体字形近而误。

诀曰："之①法有雌雄，专待敌人攻。腾挪偏闪应，躲影去无踪。翻跹身步入，反复快如风。秘诀无多语，端的是真宗。"

【诠释】之字步，是闪身以躲开敌人进攻的一种步法。初起时，我以左脚、左手在前，左足稍弯并踏实，右足提起足尖点地，贴在左脚内侧，以待敌人进攻。这种立势有虚实相生之妙，名叫"雌雄脚"。见势打势，没有比"之"字步再好的了。当敌人以左脚、左手在前向我进攻时，我左脚偷进半步，左手接敌，右脚向前腾挪圈进，便可闪在敌人身后。此时敌人一击落空，出现了空虚，我则出左步、上右步，回身或披或打、或踢或勾、或推或撞。若敌人右手已出，又力量弱于我，我则左手从敌右手内上挑接手，右脚直插敌裆，进中门给敌以重创。或敌来势快捷，我来不及上步，则可退右步卸身以避之，再回身粘敌进破敌人。这就是所谓的"雌雄脚"和"因敌相胜"之法。

玄字步法

论玄字步：前脚带点出，足指用力着地，腰带挟，用力一转，亦"百骸筋骨一齐收放"之意也。

又，玄字步，走中盘用。三角步、拗步皆从此脱出②（图2-4）。

【译文】前脚轻点而出，脚指外侧用力着地，脚跟一摆，腰带裹挟，然后用力一转，后脚射进。这便是歌诀所说的"百骸筋骨一齐收放"之义。

又，玄字步为走中盘所用，三角步、拗步皆从此步化出。

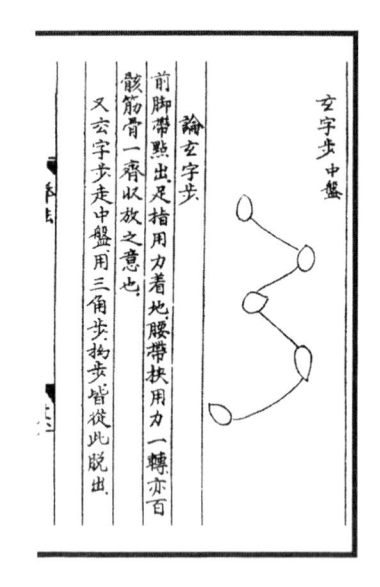

图2-4

---

① "之"，原为"玄"，误。据原诀文及线图改。
② 原图绘反了，应从上往下走。第一、第三线过斜，脚的朝向也部分有误。

【按】玄字步，以其运行轨迹似"玄"字而命名。在本《拳经》中，其起步法是我以左脚、左手在前，对方以右脚、右手在前向我进攻。我左脚出步进入敌右脚内侧，以脚掌外侧着地，然后脚掌外摆，右边裹紧，腰带挟，用力一转身，将身体直射进敌人怀中。此为走中盘用。

这种"玄字步走中盘"的说法与良轮本是矛盾的。走中盘是"直进"以降力弱，用的是通怀步，或说是"奸步"。"玄"字步是"折转而进"以避敌锋，对付的是力量强大于自己的敌人，用于走外盘。古人对人体两侧力量不均衡认识得非常清楚，所以初习拳时，为了扬长避短，什么步走什么盘、进什么门，是有严格规定的，这就是"迷拳盘口"所说的"一定之理，不可或乱"。即通怀步走中盘，"之"字步走边盘，"玄"字步走外盘。

玄字步走中盘之说，似乎从张三昧开始的，这从国技本、蟬隐庐本、汪本如出一辙可以看出。三昧幼小时张横秋就已过世，他是从张横秋的弟子吴亦政处学本家拳的，可能在传承上有些失误。张横秋的另一弟子良轮，亲炙过张横秋的教诲，还从同门师兄弟中学习，不仅年龄大于三昧许多，他所结集的《拳经》（良轮本），也明显早于三昧本（国技本），因此他对"玄"字步的诠释，应该是比较准确的。更重要的是"玄"字步走外盘，不管从字义上、线图上，还是从实际运用中，都更贴合实际。为便于对照，此处两说并存。但在习练时，应以良轮本为准。

良轮本所述"玄"字步走法，清晰明了，切于实用。以下录其原文并加串释，以便于学者参考。

《张横秋秘授跌打抓拿法·玄步图诀》："玄步者，为横步躲影也。此则以右足半立，左足跟提。乃因敌人力大势雄，猛勇难当，方以此法降之。"

"诀曰：'玄步妙无穷，他急我从容。开去人难略，翻来脸上红。横步跟直上，直步乘虚攻。粘进追逃遁，卸步避雄锋。'"

【诠释】玄字步，是将左脚向外横开一步，以躲避敌人的一种步法。初起时，我右脚在后稍弯踏实，左脚在前稍提，静以待敌。当敌人力大势雄、猛勇难当，右脚右手在前向我袭来时，我左脚往外开一步，随之身向左闪，避开敌锋，继之马上回身，直向敌人头面披打。向左横步闪身时，后边的右脚一定要跟上相随。敌人一招落空，出现空虚之时，我回身击敌，要以横破直，横冲直撞。闪开后敌如逃遁，我马上出右手粘住敌人，赶进追打。或敌人一招落空，再换势击我，我也可再卸一步，以避敌锋。

三角步法

三角步，以其运行轨迹如三角形而命名。其作用是为了闪身进步。如我以左肩出势对敌，当敌来时，我左脚向外横开半步，右脚提起靠近左脚跟不落，继之斜向前上步，即为三角步。右脚在前时则反用之。其实上面已述及的"外管秘法""走外盘闪法"，就是用的这种三角步。尹氏八卦掌中著名的"三（闪）穿掌"也是走的这种三角步。

如图2-5所示，右下圈是左脚的初始位置，左圈是左脚横开后的位置，上圈是右脚上步后的位置。

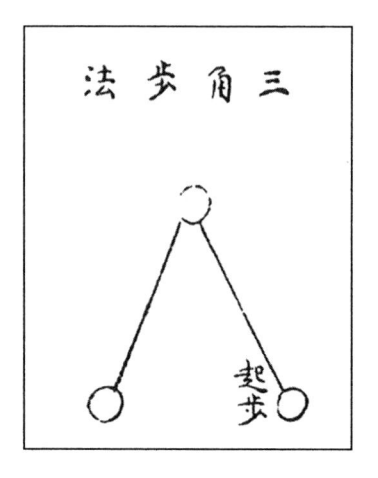

图2-5

【按】三角步与"之"字步、"玄"字步的区别是一般仅走两步，左右互换；而"之"字步、"玄"字步则走两步以上，向里圈打。当然这不能太绝对，有时三角步、"之"字步、"玄"字步是可以互相转换的。三角步的右式，就是玄字步之初，左式则是之字步之初。八卦掌的行步走转，就是由无数个三角步构成的。因此，凡是构成三角的步法，均可称三角步。

汪本中有对"三角步法"的说明："前脚一闪，后脚提紧，亦须从（脚）跟边，然后一齐点出。总要会意'百骸筋骨一齐收'"。

良轮认为当时三角步的走法已非古意，其深奥义理已经失传。他对古三角步采取述而不作的态度。转述于下。

《张横秋秘授跌打抓拿法·三角步式》："此即古传三角步式也。梅花一变而为三角，世多尚之。亦诀法遗漏，习者迷蒙，无非视为共套耳。"

其实，三角步已包含在"之"字步、"玄"字步、"梅花步"之中了。

梅花五步法

梅花五步，乃太极之义，循环无端，前后左右，皆可操练。其法每以步步占中心为主。

【译文】梅花五步，有太极图循环无端、生生不息之义。前后左右，皆可操习。此法的要义是不要空转圈子，须寓有抢步夺位，步步占据中心的思想。

【按】梅花五步，如图2-6所示，以其运行轨迹因似五瓣梅花而命名，它是一种以一人对多人、破重围、溃大敌时所用的步法。曹注本此图实际上省略了周围的运行路线，观其"乃太极之义，循环无端"之注，可知此图基本上为圆形。这颇类于八卦掌中的八卦步（八卦步亦可走五步、三步，或原地摆扣旋转）。本《拳经》多处提到梅花步法，可见此步法的重要。梅花五步在运用时，要保持"步步占中心"的意念不丢，也即稍有机会，便须马上转向中心出击。

梅花五步，是"之"字步、三角步、"玄"字步的综合，也可化生出三种步法。然蝉隐庐本《拳经》所述梅花五步过于简略，实际上是不容易具体操作的。

良轮本《张横秋秘授跌打抓拿法》，将这几种步法的关系说得较为透彻，且记述了更为神妙的用法。然仅凭几句歌诀和简略的图文，要想复原几百年前古梅花五步的奥妙，确属不易。这只有在全面了解张氏拳的基本理论和基本方法后，才有望窥其端倪。校释者潜心数年，倘能千虑一得，当以为引玉。特征引原图于下，并述管窥（图2-6）。

《张横秋秘授跌打抓拿法·内家秘授大敌梅花[①]五步横冲直撞图诀》

梅花五步着诀图式：此即古梅花五步之真传也，独

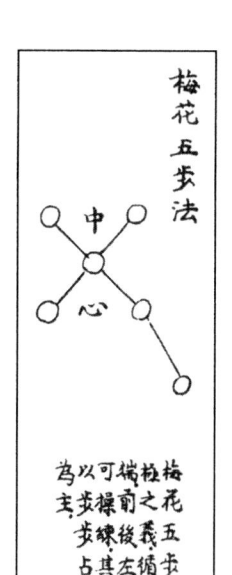

图2-6

---

① "花"，原作"玄"，草书形近而误。下同，不备注。

运用阔大耳。溃重围、克大敌，非此无以当之，而拳技纲领，尽于此矣。但步虽不一家，然法实宗一派，故而梅花五步为诸家首领，若山之主脉，如水之大源。即使诸家步法并列，莫能脱其范围。至于"三角""之""玄"，实即以宗其变化也。秘传妙用，亦所罕有。志在雄名者，尤当究心效法焉。

歌云："大敌重围谁敢当，梅花五步有奇方。机关透彻无虚谬，万人队里独争强。"

又云："五步深藏不测机，传来秘诀少人知。等闲未得真宗旨，谁识梅花御敌奇。"

【诠释1】 古代相传的梅花五步，包罗宏富，运用广泛。熟练此步法，可以一人对付多人、冲破包围、击败众多围攻的敌人，非梅花五步无以当之。它是步法之祖，各家步法，都是以此为基础变化发展而来的。这就像山有主脉、水有大源一样，即便各家步法罗列在一起，也超不出梅花五步的范畴。至于"三角""之""玄"三种步法，也包含在梅花五步之中，即它们也是从梅花五步分拆变化出来的。它的奥妙无穷，世所罕见，故以拳术为毕生追求的人，尤应当研究学习和掌握梅花五步。

另外，此梅花五步，是康熙三十一年（1692年）秋七月，张横秋传于良轮的，良轮把它收载在自己所撰《张横秋秘授跌打抓拿法》中，才得以传世。

【诠释2】 梅花五步的每步，并不是单步，而是复步，即每一步至少由一左一右两步组成。其中第一至第三步各有左右两个步子，第四步、第五步各有四个、三个步子。这些步子可曲可直，可摆可扣，可进可退，可闪可卸；防守多为左步，以弧行为主；进攻多为右步，以直进为主。总体轨迹类似于一朵梅花。至于攻防时身法的高低起伏、旋裹倚侧，以及头、肘、肩、胯、膝、足、手（拳掌指）、臀"八锋"的综合运用，更是变化万千，无所不包。如果再运用蹁跹、躲影的颠狂跌宕，闪转、腾挪的反复回旋，则其神奇奥妙，自不待言。

张氏拳的梅花五步，是以顺时针的右旋为基本转进方向的。如果我们再依此左旋习练，不仅可以使肢体均衡，更可以收到意想不到的技击效果！

【诠释3】 图2-7是良轮本所附梅花五步图式，没有标明顺序和方向，注文也非常简略。校释者根据自己的理解，分析如下。

第一步：坐肘复回头。我以左脚、左手在前立势（最下一圈是左脚位置）。我左脚稍向前进步，探进敌右脚内侧，左手上接敌手，并向后挽拉；继之右侧身体缩紧，右手上挂于耳，右脚向前进入敌中门，插进敌裆，同时右肘竖起前顶敌心窝（此时我右脚进到中圈位置）。继之我以右脚为支撑，转身向后，左手内掩、右手放在左肘下、左脚收靠在右脚内侧成虚步。此步完成，走的是通怀步。

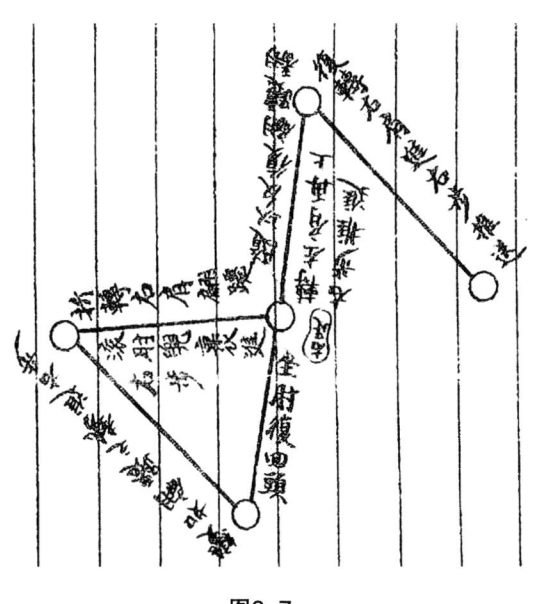

图2-7

第二步：变为踹跕之势进右步。我左脚向外以跌步横开，左手上托敌右手；继之进右步于敌右脚外侧，管住敌脚，同时右手向前推撞或击打（此时我右脚进到左圈位置）。此步完成，走的是"玄"字步。

第三步：折转右肩踹跕滚肘兜裹进右步。我右脚原地外摆、左脚随扣、左脚尖点地，同时右肩后调、左肩前调，向前滚身，左手和前臂内旋下垂，以臂外侧向前裹靠，右手放在左肩侧。继之我左手从下向上旋进挽住敌右手，同时左脚向前摆进。上动不停，右脚向前直进，右手向前兜打（此时我右脚再次进到中圈位置）。此步完成，走的是铁拐李颠桩式。

第四步：随以反复踹跕，翻转左肩，再上右步推进。我左脚后跳站立，右脚跟并提起，左手放在右肩外，右手放在左腰侧，眼向右后回看。继之右脚外摆下落站立，左脚跟并提起，右手放在左肩外，左手放在右腰侧，眼向左后回看。以上两式为"反复踹跕"。继之我左脚下落前摆，左肩下垂，左手从右腰侧向前上伸出，以挽接敌右手；不停，右脚向前进步，右手前击（此时我右脚进到上圈位置）。此步完成，走的是左右寒鸡步，即八仙醉步式。

第五步：复转右肩，踹跶进右步推送。我右脚向前上圈步站立，左脚跟并成虚步，同时右手向左肩外圈掩，左手放在右肘下，眼向左侧回看。然后我左脚外摆上步，左手由右肘下向前上旋挽接敌手；上动不停，右脚向前进步，右手向前推击（此时我右脚进到右圈位置）。此步完成，走的是"之"字步。

【诠释4】图2-7是为了说明方便，才将右脚进到的位置分绘的，实际上每次右脚进到的位置都应是中圈，即"步步占中心"。再者，上面所述是最基本的步法、身法、手法和盘口，根据对敌的实际情况，所有的手法、步法、身法、盘口都可灵活运用。譬如，前手可挽可拉、可推可托、可挑可按、可圈可压、可勾可缠；接下来的进身，可拳击、掌塌、指戳、肘顶、肩撞、胯打、膝跪、脚踢；也可以进中盘、外盘、边盘、前拴等。其他身法、步法等也可照此领会。这样才算把梅花五步学到家了。上面已说过，还要进行逆时针方向左旋练习，这样才算全面。

呆架式

呆架式如图2-8所示。

歌曰："万法皆从此中出，诸巧尽向里边生。"

头挺（头上字）。

项直（项上字）。

背合（肩上字）。

胸开（胸上字）。

平肚直（肚上字）。

膝平（两膝字）。

臁直（小腿上字）。

臀要直不可露（两腿间字）。

脚跟粘地（两脚跟字）。

脚尖钉地（两脚尖字）。

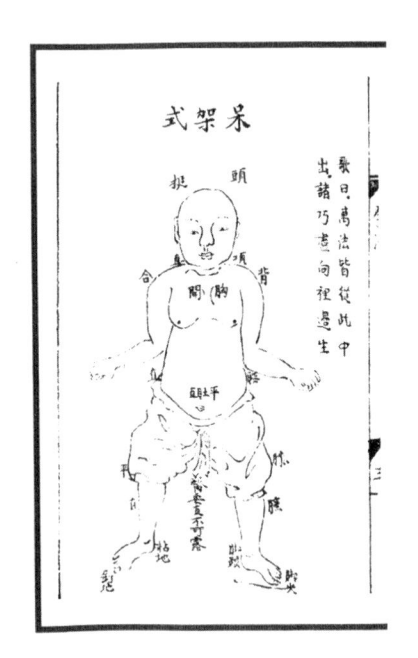

图2-8

【译文】歌诀说，万种拳法，皆从此式中变出；诸般机巧，尽从此式里化生。

【按】此式虽名"呆架式"，然观其歌诀所言，则名"呆"实不呆，而是有机变之义存焉。

式中两手向外有按压力，两腿成倒八字形。其在拳术上的意义，是能够左右外转以接敌手。这与站桩的两手抱合不同。

国技本有"呆架"一节文字，可为此式之注脚，引于下。

《呆架》："大凡学拳，先贵立其根本。本者何？脚步与身法是也。"

"脚步以稳为立，而脚之稳以贯力为先。一身之力，俱要贯注两脚，而其妙处，在以意会。大腿与膝头之力，紧贯于脚尖、脚边处，而膝头略带跪势，而臀之力紧贯于脚跟。所以臀必与两脚跟一线，而不可斜也，其长短大小以（似）规。大抵两脚尖不可撇开，亦不可勾进，以中平为主。两脚不可离地，须紧与臀一片，此第一要紧法也。"

"至于身法，头颈必直竖，如顶千钧之势，下颌亦带竖起，牙根带咬势，气带吸住，胸必开，背必合，臀必夹，腰必直，而贯力之处，可以意会，不可言传，神明变化，存乎其心矣！"

汪本作"练力式，亦呆架式"。图上胸部有一"气"字，脚部注为"跟虚""尖实"。其注文曰："此架式乃运气之法，必须要口传心授。万物（勿）以此式作用。然运气，诚非正人君子，不可乱传。慎之慎之。"

【诠释】此呆架式，与今天少林拳中的马步、八卦掌中双膝内扣的八字步均不同。它除了练下盘之力外，还有练气一说。它在技击上的主要功能，应是左右手可以向外按压、或向上穿挑以接敌来手，从此生出无穷变化。故说是"万法皆从此中出，诸巧尽向里边生"。

站步式

　　站步式图2-9，亦名疯魔步，猴拳从此化。前后左右随人而进。此图不但我邑人稀晓，到处人人未知也。

　　两手放胸前（左肩上字）。
　　两眼望敌人（右肩上字）。
　　左足着地（左足前字）。
　　右足当稳（右足前字）。

　　【译文】站步式亦名疯魔步，猴拳亦是从此式变化衍生出来的。前后左右，皆可随人而进。此图含义，不但我们本地人知之者甚少，其他地方也没多少人知道。

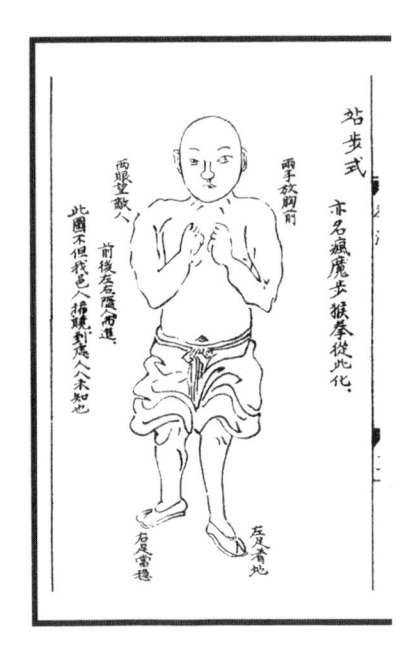

图2-9

　　【按】此站步式，可由左脚、左手在前的左顺步后蹉变化而来；也可由"之"字步变化而来。两手放胸前，上可护头面，中可护胸肋，下可护腹裆，并可从三盘接敌来手。左脚虚点，可左开进右步，可右盖圈右步，手脚均十分灵活。根据前脚摆幅之大小，配合身法，可四面进攻。左脚后撤，两手向外按推，侧身取势，则又可变为猴拳势。

　　胡本有诀曰"童子拜佛手护胸，上用而（面）花下搬桩。翻身纵跳随人变，腿法飞腾扫千军"，可供参考。

玄机和尚步式

玄机和尚步式如图2-10所示。

要直，不可露臀（臀下字）。

【译文】腰要直，臀部不可外露。

【按】玄机和尚步式可看作是由"出势"或"站步式"变化而来。既可以看作是左进，也可以看作是右进，更可以看作是走中门上步戏珠。倘从敌左侧进，可变拗步披劈或顺步边管；倘从右侧进，则可上右步外管。

胡本有"走盘步式"，左手在前，右手反伸于背后，当是此图之不同表现形式。图注曰："前手护胸""后手护胁""前脚悬点而出""后脚要直，不可露臀"。

图2-10

歌诀曰："走盘妙法是颠桩，顺推及（反）托上下量。手出胸前能（护）耳，侧面收来不可当。"

又有注曰："柔架当以此图为程，侧面之式也。"

审此，则胡本之右手在后的这种图式，应是走边盘的，颇类似于八卦掌的左转行盘。而玄机和尚步式，则可能是左脚外开的"玄"字步、走外盘式，类似于程派八卦掌中的"回手平合"。

左肩出势式

左肩出势式如图2-11所示。

挑（左肘弯字。）

起势法之一。大凡对敌，多以左肩出势为主。不管是自己先出手，还是以静制动破敌，多以此式为首选。

左肩出势式，通行的名称为"直行虎打法"，或简称为"直行虎"。古人确定方向的标准，首先是面南背北，称为"负阴抱阳"，左为东，为"青龙"；右为西，为"白虎"。大凡人之右手，最为灵便有力。故左手出势，多为虚招；倘为接敌，则为挽推。继之上右步、出右手，给敌以重创。因其重点在白虎方以右手打击，故称为直行虎打法。

不论是本《拳经》，还是戚继光的《纪效新书·拳经捷要篇》，倘是左手在前的势子，多为先出手的虚法（俗称"叫门"）或接敌之法；如果是右手在前的势子，多是一击之后的定势或变势。因此，在本《拳经》中，左肩出势式是多种势子的母势。

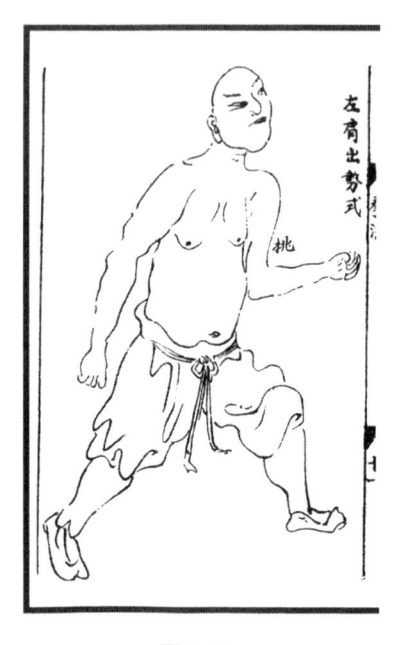

图2-11

直行虎打法，在明清人的拳术著作中多有述及。如唐顺之的《武编·拳》说："凡打法，行着多从探马起，直行虎打法，三着，打左右。"程子颐《武备要略·长拳法》，有"直行虎势图说"，其诀曰，"直行虎门户紧固，恁伊腿便亦难攻。左右短看守妙法，颠翻腿补进如风"。直行虎打法，亦可用于器械，明遗民王余佑《十三刀法》、清吴殳《手臂录》中均有记载。

【按】直行虎打法，是以"青龙""白虎"喻左右手来命名的，因此它即可以是上右步的顺步势；也可以是退左步的顺步势，也可是扭身出右手击敌的拗步势。既可以走边门，也可以走中门。以青龙、白虎名门，主要出现在剑法中。如进敌右侧，称为进"龙门"，进左侧称为进

"虎门",进中门称为进"蛇门"。见唐顺之《武编·拳》和吴殳《手臂录·剑诀》。

胡本作"左肩出势",其诀曰:"左肩出势右(左、用)手挑,右手一披随后抱。双挑来奔他角嘴(嘴角),双拳后(复)(进)无可灾(逃)。"

【诠释】左肩出势的用法,是我左脚左手在前。当敌人以左顺势打来时,我左手从敌左手外侧上挑,接上右步披右掌或横右拳,这类似于四川南充松溪拳中的"边步探手"接"上步惊拳"、八卦掌中的"扫耳单捶"。也可进敌中门,以左手上挑敌右手,进右步以右手上击敌下颌。或中门双挑掌,继之双手变拳下插敌腹。

单披式

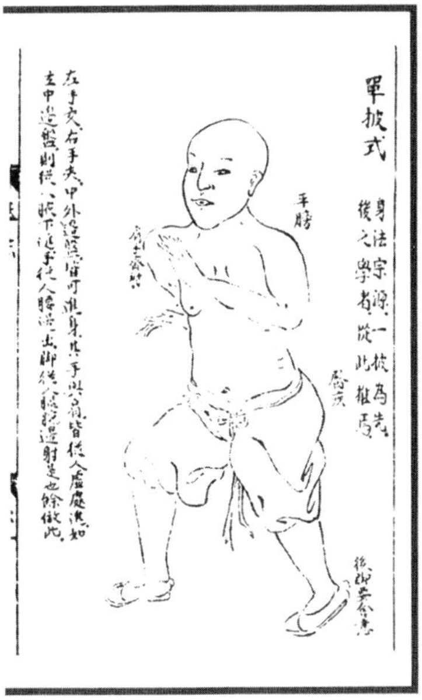

单披式如图2-12所示。

身法宗源,一披为先。后之学者,从此推焉。

左手交,右手夹,中外边盘,皆可进身,其手与肩,皆从人虚处进。如走①中边盘,则从人腋下进,手从人腰边出,脚从人腿腕边射是也。余仿此。

平膀(左肩字)。

肩手齐射(右肩字)。

臀疾(臀部字)。

后脚要会意(左脚跟字)。

图2-12

【译文】身法变化的根本和源头,是以披法为先的。后辈习练者,要从此举一反三,仔细推研。左手与敌人来手相交,

---

① "走",原作"玄",草书形近而误。

右手肘要夹紧，中盘、外盘、边盘，皆可进身。如走中外盘，我之手与肩，皆须要从敌人的空虚处射进。如走边盘，则我之身须从敌人腋下进，手从敌腰边出，脚从其身后脚踝边射入。其余变法仿此。

【按】单披式是由左肩出势式变化而来。即左手挽敌来手，继之上右步、披右手。此式运用时，以左手与敌来手相交，右手前披时须夹臂，且要配合肩力，方为有力。所挑之手，可以是敌左手，也可以是右手；可以是敌左手外，也可以是右手内；所进右步，可以是敌左脚外、右脚内、右脚外，这样便形成了边中外三盘之不同。

古人击敌，首重披法。戚继光《纪效新书·拳经捷要篇》说："披劈横拳，欲其猛也。"本图注亦曰："身法宗源，一披为先。"可见披法的重要。披法如棍，其着力点在手掌和前臂外侧，且能较好地运用肩力。披下时力走一线，可将敌人手、臂、肘、头、颈、胸一齐披击。更为优越的是披后可以马上变揭法，或变横拳，其打击的幅度依然很大。由于披时手臂已大部进入敌之臂内，因此还可以缠入敌背后，以"二仙传道"前后夹击，重创敌人。

披与劈不同。劈法如斧，其力点仅在手掌外缘，击敌面较小，除非功力深厚之人，一般肩力难以用上。劈常与挑连用，多走中门。倘走外门，由于劈时不越过敌臂，因此挑法难以奏效，多变甩掌或削掌击敌。

胡本、汪本均作"短披势"，均有诀，诀亦同："短披用靠肩臂头，掌根着力山也愁。翻身用个倒海势，撩阴一抱不容留。"

【诠释】胡诀所述为走中盘。敌人右脚、右手在前向我进攻时，我左脚进到敌右脚内侧，左手上挑敌右手，继之进脚入敌裆，右手前披敌头面胸。接着我右手挽敌左手，向右后压（翻身倒海），左手转下兜撩敌裆（撩阴一抱）。

又，单披（短披）与长披、大披、轮披不同，臂夹，距离短，有时须以单（掸）、挑、扇作为过渡，再转短披，颇类似于五行拳中的"劈拳"。

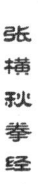

已出插掌式

已出插掌式如图2-13所示。

直肩（右肩字）。

下叉（裆部字）。

着力（左肘间字）。

【按】此式由左肩出势式变化而来，图言"已出"，即为明证。其法为左手接敌来手，或牵或挽，继之上右步，插右掌。运用时，左手须着力向后牵挽，右手的前插须配合直肩法，脚手齐到，前后用力，方为老到。

此式可走中门插胸腹，也可走边门插腋肋。

汪本作"开弓插掌式"，其诀曰："插掌已出用直肩，翻身倒海果然玄。撩阴一着谁能晓，拗马一掌迟无前。"其注曰："翻身用个倒海势，此图与大铁门势无异。"

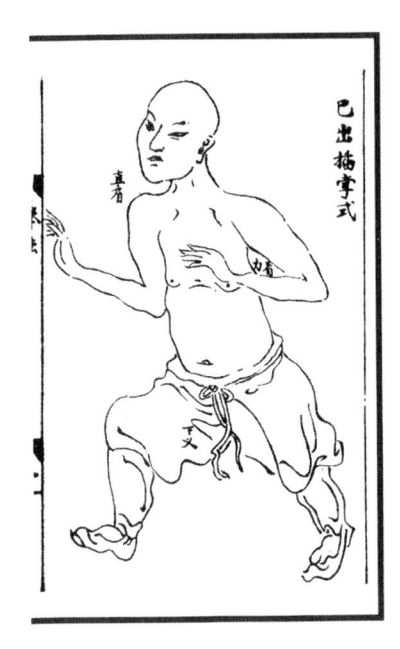

图2-13

【诠释】汪诀所述为走中盘。当敌人以右脚、右手在前向我进攻时，我左手上挑后挽，进右步以右手向前插塌敌胸。继之我向右翻身、右手向外按压敌左手，同时左手转下向前撩敌裆。接着我左手上起挽敌右手后牵，右脚向前一步立定并转身，左脚前提成虚步点地，同进右掌向前探出，即为勒马步，也称"勒马回首听风"。

此式用法，还可参考以上的"短披式"和后面的"铁门大法"。

勒马步①插掌式

勒马步插掌式如图2-14所示。
紧夹（左肩字）。
腰力抵进（腰部字）。

【按】此勒马步插掌式，亦由左肩出势式变化而来。与"已出插掌式"不同的是拗步式。即左手接敌后拽，右手随之前插，后脚稍向前活步但不上步。

此式与已出插掌式相比，更为快捷隐蔽，使敌难以应对。而上右步，除非训练有素，多有迟滞之病。拗步式更为优越，可为下一势预设埋伏：即进后脚管敌脚，更可直接踹敌裆部或下桩其腿；已插之手可下塌敌腹、上击敌面。

拗步势易出暗腿，学者宜深味之。古人多重之，以此。

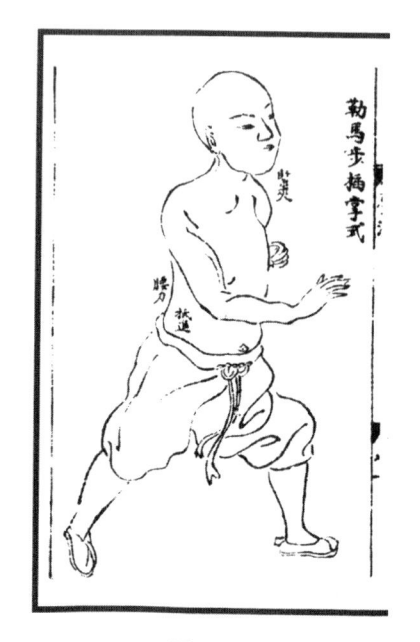

图2-14

此式类似于戚继光《纪效新书·拳经三十二势·探马势》，其诀曰："探马势传自太祖，其势可降可变。进攻退闪弱生强，接短拳之至善。"

胡本作"插掌大势"，其诀曰"勒马步势最虎狼，边中外跳提步张。仙人现掌从腮打，手法收来掩胸膛。"

【诠释】戚继光之探马势，与一接手即勒马插掌的势子大体相同。但从胡本歌诀所示，可知勒马步插掌势还有一种跳跃旋身的着法。即当敌人以左脚、左手在前击打我时，我以左手挽其手，右脚向前圈跳至敌身后站定回身，左脚收回成虚步，同时右掌向前插撞，这是走边盘。明清武术文献中称为"勒马回首听风"，与今天八卦掌中的"扣步回身"相似。再就是敌人以右脚、右手在前向我进击，我以左手挽其右手，进右步于其裆，

---

① "勒马步"，左手如勒马缰，右手前插下为拗步势。

落脚扣转回身，右手前撞其胸。此为走中盘，今陈式太极拳中的"高探马"与之相似。第三式为我右手从外接敌右手，左手从下穿接。右脚进到敌右脚外侧，此即走外盘。此式威力更大，一旦得手，敌必跌无疑。

"仙人现掌"又称"美女照镜"，是以一手挽敌手，另一手以掌背击敌面的一种技击方法。

垂肩式

垂肩式如图2-15所示。
四顾随人而进。
肚要用力（右肘下字）。
腰要抵进（左腰间字）。

【译文】四面相顾，随人之来势而进攻。

【按】此式亦可以看作是由"左肩出势式"或"站步式"变化而来。即左脚内圈，身势下降，右脚贴近左脚跟，右手、右肩下垂，准备随时向敌人出击。根据左脚摆幅的大小和身躯扭转的程度，可向四方进攻。当然也可用"之"字步由敌左侧而进。可参见"张横秋先生传授习练身法秘要"中的"第三　出步练身法"。

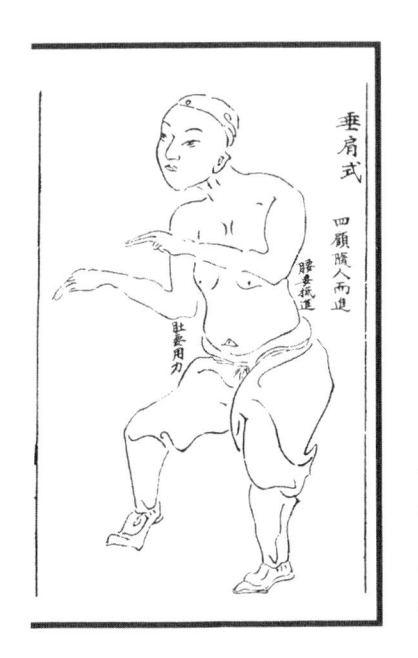

图2-15

又，此图式欠准确，右脚前出太远，以贴近左脚侧为宜。

胡本称"垂肩带靠势"，其诀曰："四顾随人转相攻，两手分纳肩是候。左右用靠不能摇，脚悬耕地骨反筋。"

【诠释】此式双手下按，类似四川南充松溪中的"朝阳手"接"闪让跌"。可与"铁拐李颠桩式"对看。

此式与下面的"腾挪偏闪式"稍有不同。"腾挪偏闪式"主要走外门，身法较低，类似于形意拳中的鸡形、姜八卦中的"金蛇盘柳"、程式八卦掌中的"乳燕斜飞"。

从胡本歌诀，知此势亦可左右前后圈步回身，成虚步待敌势。就像一个人被众人围困在中心，随处转打一样。

猴拳护胸式

猴拳护胸式如图2-16所示。
后腰望前抵（左胯边字）。
悬虚步（右脚前字）。
以气应之（右肘下字）。

【按】此式亦是由左顺步式变化而来。即左顺步前脚外跳踏实，右脚跟并虚步悬提，以气使右手前掩，右肘下垂，身势下降，两手变勾手。

汪本作："猴拳式。"其注曰"一身缩紧，用纵跳，用滚肩。"其诀曰："猴势紧缩是纵跳，到身之时声要叫。两手纷纷乱扰攘，回身转打插穴道。"

胡本式名和诀与汪本同。其注曰："猴拳从此势化出，前后左右随人而进。纵跳从此势练出，一身紧缩方为得力。"其图注曰："两手夹紧，要藏阴，进用滚肩。"

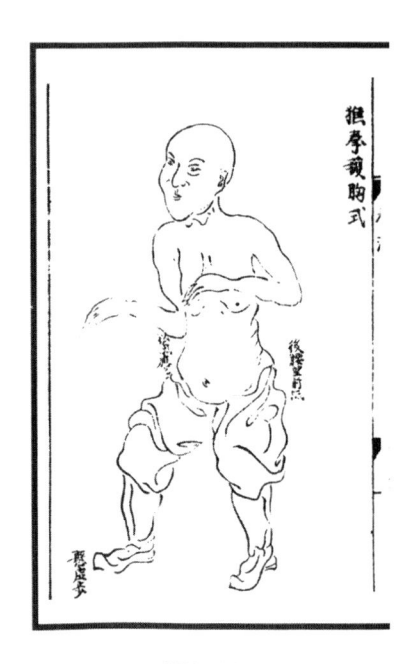

图2-16

观汪、胡本，则又似与前述的"站步式"（疯魔步）相类似。其实它们本质上是一样的，即此式也可由站步式变化而出。

【诠释】猴拳护胸式，应用时须先将全身紧缩，用纵跳出步，滚动肩部，身法为闪展腾挪，四处随人而进；两手常护胸前，随时拍拨勾挽。其独特的技击方法是"转打"，就是闪转到敌人身后，击其空虚之处。

提步铁闩①式

提步铁闩式如图2-17所示。

护（右臂内字）。

虚悬（右脚下字）。

（此图所绘腿的位置、手势，都不够准确。）

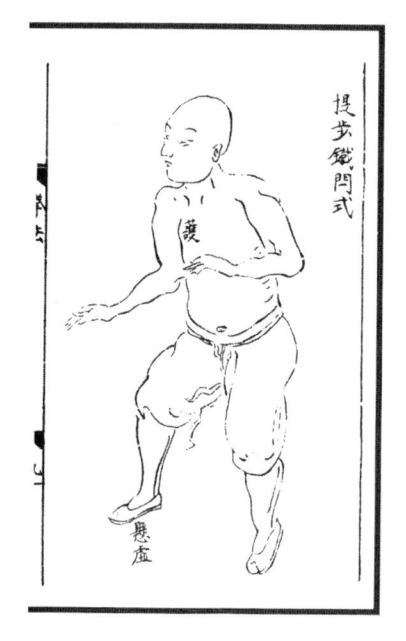

图2-17

【按】提步铁闩式亦由左肩出势式变化而来。即左手接敌，继之右手前闩，右脚向前提步虚悬，而成提步铁闩式。

此式主要是破敌方同侧脚手齐出的招法，与戚继光《纪效新书·拳经三十二势》中的"七星拳"相似。如敌以左顺式击我，我即以左手挽其左手，右手小臂竖起上靠敌肘，同时右腿提起，小腿下垂，向前圈踢敌之来腿。在今天的八卦掌和八极拳中也有类似的势法，称为"湘子挎篮"或"提篮势"，只是闩手变成挑拨手，腿击变成了勾腿。史式八卦掌中的"括面掌"与之最接近。

胡本称为"铁闩小势"，诀曰："铁闩悬步最难防，用闪用乂身法良。单来双破（披）随人变，双来单破（掸提）任君量。"

【诠释】胡本之诀，道出了提步铁闩式之秘，不然仅凭一图，固难得其精义。提步铁闩式是对付敌方同侧手脚齐出的有效方法，但并不是一成不变的。其手法除了一手挽敌手，另一手竖肘前磕"用闩"外，还可以用"乂"法。即我一手插入敌前臂内侧，另一手竖肘向前，两手向内合抱，

---

①闩：闩打法。指一种以竖破横，封闭敌手或磕击敌臂的方法。一手后挽，另一手小臂竖起前裹，如门闩固定门户。

以剪击敌臂。尊我斋主人《少林拳术秘诀》称为"剪手"。至于敌人只出手的"单来",我可以变"双披"破之;手脚齐出者,我可以后手插入敌腋下后单(掸),悬脚提勾,使敌人向后跌倒。

铁闪大法

铁闪大法如图2-18所示。

少林寺玄机和尚传授身法图。

中平为闪,射上如展翅,落下如①披下,法皆从此出。

头要顶抵(头后部字)。

下颏带起(颏下字)。

胸开(胸部字)。

扯进着力(左臂上字)。

扯出(左前臂下字)。

臂对后跟(右臂下字)。

护腰(左腰间字)。

一片射进(右胯边字)。

臀要用力(右大腿下字)。

后臀带扯(左胯边字)。

藏阴(裆部字)。

下筍(左膝尖字)。

带微弯(左腿弯字)。

小指边着力(右脚尖字)。

大指着力(左脚尖字)。

煞手跟要随(左脚跟字)。

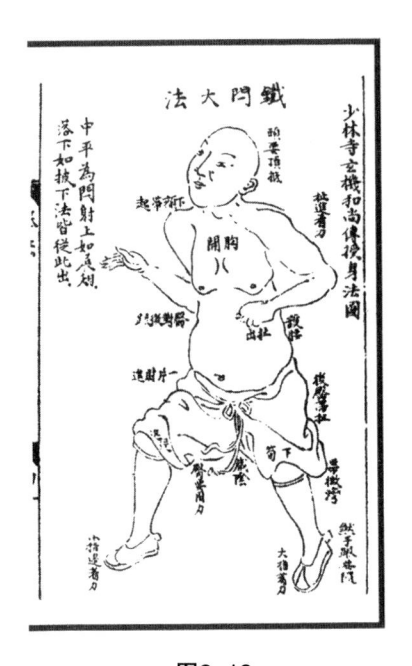

图2-18

【译文】其架式不高不低,以中平势竖臂直进制敌,称为"闪法"。

---

①上两"如"字,胡本均作"为"。

其肩臂向上射起可以变成展翅，向下落下可以变成披法。其他各种技击方法，皆从此式变出。

【按】此式为闪法的标准式，也是披法的标准式，闪披所应遵循的许多要点，均在此式中予以注明。此式亦是由左肩出势式变化而来。即左手挽敌来手，上右步从后管住敌脚，右手横击闪打敌臂肘。退步下击，则为披法；披后上起，则为展翅，两动均须配合肩法，方为老到。

戚继光《拳经捷要篇·中四平》说："中四平势实推固，硬攻进快腿难来。双手逼他单手，短打以熟为乖。"此外戚氏拳经中的"兽头势""懒扎衣"，身法也是中平横闪。从铁闪大法的图式及注文分析，其更近似于戚继光所说的"兽头势"。

中平势多为拳家所看重，以其可高可低，兼顾三盘。又最宜"后发先至"，堵截敌人。

中平势在枪法中也很重要。枪谚曰："中平枪，枪中王。"

胡本作"身法图，名大铁闪势"。诀曰："铁闪之势因人施，转左转右随所之。进攻射上为展翅，落下为披要着力。"

【诠释】铁闪大法是古代拳术中最为重要的势法，许多势法、打法，都是由此衍变而来。它的基本起势，是我以左肩出势式，接敌人的左顺势进攻。挽手后可闪、可披、可展翅甩击。如展翅后再披，可以退后步披下。也可以闪敌手后，转身上左步于敌右侧，以左掌披敌右侧头肩，其步法须用歌诀中的"玄步从之换"。

又，张氏拳中的戏珠、压顶、抱拳、闭阴、扫阴、提步铁闪等，均可从此势变化而来。其中一些走中门的势法，可由中门直进，也可从边门进中门，其内容包含在"六节迷拳"中，可参看。今程氏八卦掌中的"闭门掩肘"、史氏八卦掌中的"括面掌"，四川南充松溪拳中的"裹肘跌"，均是铁闪势的变化运用。

戏珠大法

戏珠大法如图2-19所示。
用力与前图同①。

【译文】用力的方法和注意点与前图铁闩大法相同。

【按】此式亦由左肩出势式变化而来，与其他各式不同的是，戏珠大法为走中门。即敌人以右手右脚向前击我，我以左手挽托敌来手，然后上右步直插敌人裆中，同时右手以竖拳或仰拳上击敌之下颏、颈、头面部。

所谓"珠"，是指敌人下颌部，即下巴、喉部。古代传说骊龙颔下有珠，故成语有"探骊得珠"。此是借喻。有学者说"珠"指敌人双眼，误。

图2-19

胡本作"戏珠大势"，其歌诀曰："戏珠一肘是胸膛，右抱左旋不用忙。翻身进步连环转，闭阴就下掌阴囊。"

【诠释】从胡本歌诀可知，戏珠之法并不是一个单纯的动作，而是以戏珠为起始的一个短打组合。所谓"左旋"，就是我以左手挽敌右手向左旋按；"右抱"，就是我上右步，右手弧形上击敌下颌。戏珠后并没有结束，而是身体一拧向对方胸膛顶肘，这就是"戏珠一肘是胸膛"；继之我右手挽敌左手，翻身进步，以左手下击敌阴囊。

抱，是一种手走弧形的技击方法，可以是拳抱，也可以是臂抱。可以是单手抱，也可以是双手抱。可以是由下向上的竖抱，如戏珠；也可以是

---

①注文所说前图，即上图"铁闩大法"。

横抱，如黄龙抱拳。在现代八极拳中，抱是其六大技击法之一，其来源应是张氏拳。

压顶大法

压顶大法如图2-20所示。

勒马式（左腿边字）。

【按】此式亦由左肩出势式变化而来。即左手挽敌左手，右脚管敌后脚，同时右手连肩带臂一齐压下。"迷拳盘口"说"压顶走散盘"，可见此法可走边门、中门和外门。

压顶大法，多用于与其他招法配合使用，如披劈等法。六节迷拳之"泰山压顶"说："欲知泰山压，左右双轮劈。""问答歌诀二十款"中有"身法能压人何也"一问，所答歌诀曰："翻身用个倒海势，纵然波浪也平休。"均为明证。

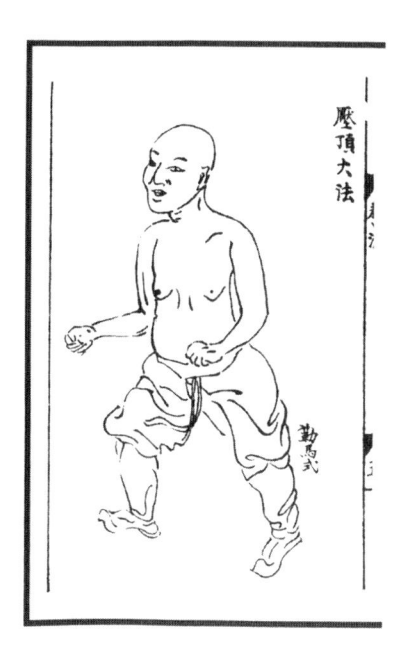

图2-20

压顶大法，所用肩法为压下肩。从其图注曰"勒马式"可知，左手猛力后勒方为得法，这样可加大击打的力度。可参见"勒马步插掌式"。

胡本作"压顶大势"，汪本作"泰山压顶式"。胡本诀曰："泰山压顶最难当，胸前一扎腹断肠。谁人打得其方（力）透，可以称雄世无双。"胡注曰："身势要如勒马之状。"

戚继光《纪效新书·拳经三十二势》中的"神拳""指裆势"，均与此势有相似之处，可以参考。

【诠释】此图和胡本歌诀所述压顶法是走中盘。当敌人右手击来时，我左手上挽敌手后牵，要如勒马一样；继之上右步入敌裆中，以右拳向下击打敌腹。

另外，压顶大法与其他式法一样，都是由几个动作连成的短打组合，而不是一项单纯的击法。"扎腹"后并没有结束，因为它还没有"压顶"。此时必须活右步，向前拐右肘以下压敌颈肩，至此才算完成。以上说的是顺步式，如是拗步式，则更加勇猛有力，习练者应好好体会。如果第二步上右脚于敌右脚外，则成走外门压顶。

此外，此势也可理解为右手下击就是压顶，即"扎腹"。也可走边门或外门，拳从头面直插至裆部。

抱[①]蟾大法

抱蟾大法如图2-21所示。

图2-21

[①] "抱"，图上作"捉"，据本书六节"迷拳"及胡本、三昧本改。

抱蟾，是一种形象的说法，就像两手合抱着一只大蟾蜍一样。原图名叫"捉蟾大法"，"迷拳"正文内作"黄龙抱蟾"。但是"捉"字也未尝不通，民间常用"捉蛤蟆拿虎势"形容武人，但那是形容的身法。三昧本图式作"抱蟾"，"迷拳"正文作"抱拳"。"抱拳"似更朴实一些。胡本亦作"抱蟾"。但不论是"捉蟾"还是"抱拳"，都不如"抱蟾"更形象、涵盖更广泛一些。故取通行说法。

【按】"蟾"既然是一种形象的比喻，那么它代表的是一种什么姿势或人体哪部分呢？校释者认为，应该两种情形都有。一是从图式、六节"迷拳"之"黄龙抱蟾"、下引胡本歌诀来看，它都应是身法性的，即两手合抱成圆形，如抱一蟾。其作用是横肘、抱颈、勾拳等，然后可翻身撩阴、起伏腿前踢。

二是将"蟾"字比喻成人的头部。此法不论是走哪门，通过回左手与右手相合，都能很顺利地抱住敌之头部。如右手钻入敌背后，也可前后对击敌胸。也许这两招太凶狠了，所以先贤从仁心出发，而将此法隐而不言。笔者在此仅略作提示。

胡本作"抱蟾大法"，诀曰："抱蟾一肘是胸前，手法收来脚发悬。插花一手肾囊上，转身斜势伏腿坚。"

【诠释】此法亦以左肩出势式为起势。"迷拳盘口"说"抱蟾走散盘"。散盘是边、中、外盘均可走。

倘走中门，即左手挽住敌之右手，上右步于敌裆中，同时用右肘向前横击敌胸；也可右手握敌右腕，以肘、肩依次相压，再回身以肘撞敌胸。此时我左手后勒，右脚虚点成勒马步式。继之我右拳上翻击敌面，这在张氏拳中称"贴面金桔"。不停，右手挽敌左手后牵，使敌身势偏斜，同时左手向前下插敌阴囊，继之左腿向前踢击。

倘走边门，则以我左手挽敌左手，上右步于敌左侧，以右拳横击敌左侧头颈。

倘走外门，则我左手从敌右手内进，右脚从敌外门入，更为猛狠。称为"反煞盘""回回步"。

闭阴大法

闭阴大法如图2-22所示。

直肩为妙（右肩字）。

后手一曳（后肘尖字）。

闭阴，闭住己阴以防人击；扫阴，以掌向前扫击或撩击敌阴。因这两招通常连用，故有时也将"闭阴""扫阴"，通称为"闭阴"。也可将单纯的向前堵打敌阴称为"闭阴"。这在六节"迷拳"中已做辨析。

【按】 此图和胡本均作顺步势，汪本则作拗步势。其实两者没有本质的不同，用顺或用拗，这取决于与敌距离的远近，目的都是闭阴（扫阴）。此图以肩在前，应是为了掩盖闭阴（扫阴）之手。再者，只有手先向后，前击才能有力。

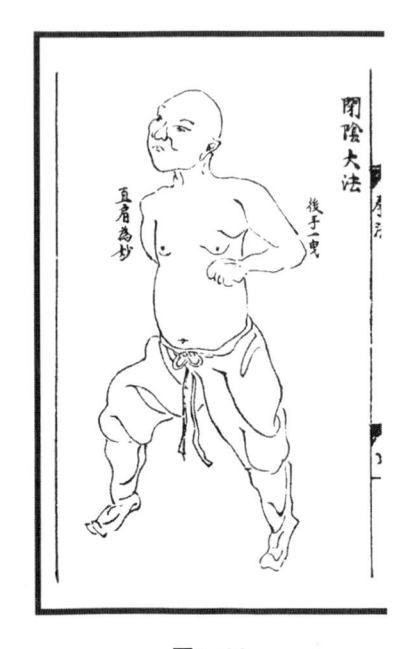

图2-22

胡本作"闭阴大势"，其诀曰："闭阴打到人不知，腰囊一掌却也奇。翻身一腿随人转，纵遇高强必被迷。"

【诠释】 此法亦是由左肩出势式变化而来。当敌以右手右脚在前打来时，我左手挽敌右手，走中门，上右步，右手下插以直肩撞击敌胸，同时拳背向前撩击敌阴。因有肩法在上面作掩护，此拳的出击很隐蔽，所以歌诀说"闭阴打到人不知"。用时须左手猛拽，右肩直进，方为得法。上动不停，然后我右手上起挽敌左手，向右转身，左腿随势踢出。敌若以右手前穿、右脚踢我阴，亦可变换此法应之。闭阴扫阴，用戚继光的"丘柳势"应之，亦甚巧妙。

此法亦可由中门对左来之手脚，当敌以左脚击踢我阴部，我可左手右掩、右手下插其腿内，再向前击其阴。亦可走左边门，须右手从上裹入，前击敌阴。右边门亦如之。亦可走外门，如左手托其右手，右手从下闭阴，习练者可细心体会。

拳法千变万化，原无一定之规，神而用之，存乎其人！

扫阴大法

扫阴大法如图2-23所示。
从插掌收变（左肩字）。
右推（右肘字）。

【译文】扫阴之法，是从"勒马步插掌式"收变而来。

【按】不管是闭阴后再扫阴，还是单纯的扫阴，都是攻击敌人的阴部。在武术搏斗中，这是一招定胜负的招法，所以很重要。上面说过，闭阴和扫阴常连用，通称为"闭阴"，但两者毕竟不同，故张三昧将其单独揭出，以示重要。胡本、汪本都没有此式法，这也说明前者与后者是涵盖关系。

单纯的扫阴，多是挽手或勾手后直接进步扫阴，没有其他伴攻的动作。如戚继光《纪效新书·拳经三十二势》中的"指裆势""下插势"，八卦掌中的"撩阴掌""仆步撩阴"。但也有些先有伴攻的动作，继之再扫阴。如图2-22所示，即是有伴攻的扫阴，实为一步三招的技法，即插掌、肘击、扫阴。用时须活前步。

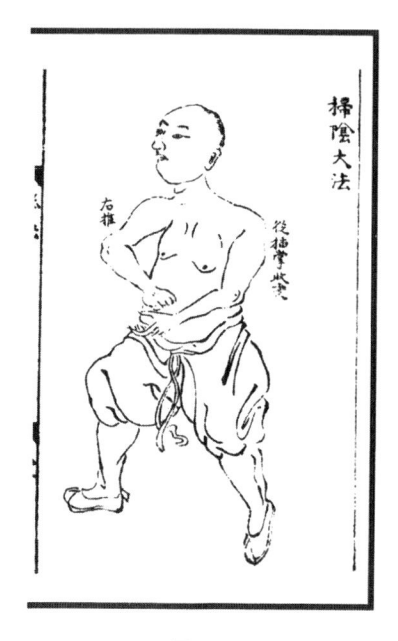

图2-23

【诠释】从图注可知，扫阴大法是当敌以右手右脚在前击我时，我以左手挽敌来手，继之进中门，上右步成虚点步，以右插掌击敌，随之落右步、变肘前击。动作进行到此，仍然是扫阴的前奏。接下来可有两种扫阴方法，一是身势后闪，右手内旋反转向下扫阴，此为"倒掏手"；二是右手挽敌左手，拗步或顺步以左手向前撩扫敌阴。

蹁跹①式醉步

蹁跹式醉步如图2-24所示。
肩推进着力（右肩字）。
后肩要变（左肩字）。
手护胸（左手尖字）。
直插（左脚跟字）。
后叉用力（臀部字）。

此式着法，类似于前文所述的"闭阴大法""扫阴大法"，但其最显著的特点是用"蹁跹式醉步"。即步是颠跌、肩用滚肩、身如山颓的醉汉形象。这可以造成节短势险、快速多变的态势，使人难以应对。

【按】胡本作"蹁跹势"。其注曰："肩要着力，手用闭阴。"其诀曰："蹁跹之势力更强，突出眉（肩）弓谁敢当。闭阴跟进直赶上，随后一腿要紧加（忙）。"

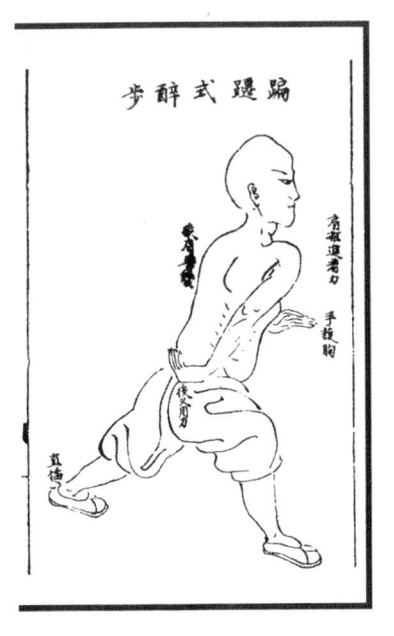

图2-24

【诠释】此蹁跹式醉步，也是由左肩出势式变化而来。即当敌人以右脚、右手在前向我进击时，我左脚小跳进入敌右脚内，右脚跃起，一起射入敌裆内。同时左手按挽敌右手，右手下垂、右肩前靠；在落步的同时，右手以手背向前扫敌之阴。它是一种由中门而进的"通怀式"步法。继之我右手上起挽敌左手，向右后带，同时左手向前再扫敌阴，并出后腿向前踢击。

注中的"肩挺进着力"，是指右肩向前靠撞，撞着是否不重要，主要是为闭阴作掩护。"后肩要变"，是为了翻转身势，便于后腿前踢。

此式类似直趟八卦六十四掌中的"野马闯槽"。

---

① "蹁跹"，一种步法跳跃、身法跌宕裹旋的势法。有时单指步法，称蹁跹步。

葫芦①式

葫芦式如图2-25所示。

玉山颓样，凡闪步、跌步、奸步②、拗步皆从此出。回回步③亦从此生。

【译文】葫芦式身步外跌，如玉山将颓。凡是闪步、跌步、奸步、拗步，皆从此步变化而出。回回步也从此步化生。

【按】葫芦式亦是由左肩出势式或站步式变化而来。即前脚外跨成侧弓步，双手向里圈压，后脚跟进成半跪势，回身视敌，以观其变化。又称"汉钟离""汉钟离葫芦式"。

所谓"玉山颓样"，是指风雅之士醉后颓然下跌的雅称，用作拳势名称，以形容步法的洒脱跌宕。此式依据身势的高低、步子的大小，以及手法的不同，可以变为闪步、跌步、奸步。倘后步不动，扭身回击，即成拗步式；若右脚向前上步，从敌身后射进，即为回回步。

胡本作"玉山颓势"，又曰"汉钟离葫芦势"。

其诀曰："葫芦用肩玉山颓，倒前倒后④骨节摧。回龙⑤入海膝儿跷，滚来滚去⑥托耳腮。"

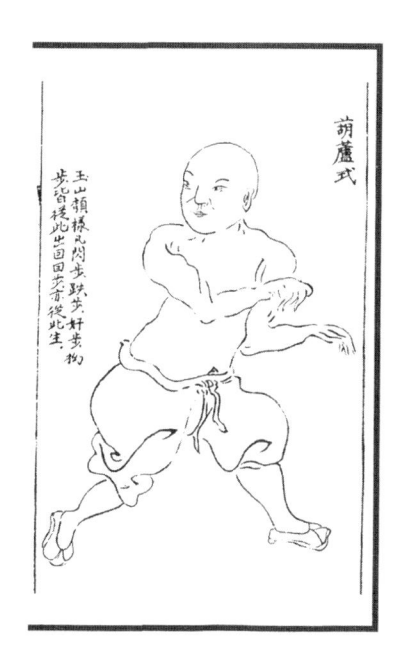

图2-25

---

① "葫芦"，滚肩的比喻说法。名称来自八仙歌中的汉钟离"肩上悬葫芦"。
② "奸步"，以左立势开始，左脚稍向外开，但仍在对方右脚内。有诱敌之意，故曰奸步。
③ "回回步"，外管步法，又称"反煞盘"。指以右脚插入对方右脚外的一种步法。参见"下盘细密秘法·外管秘法第三"。
④ "倒前、倒后"，倒前肩、倒后肩的省略语。
⑤ "回龙"，回龙勾步。即闪人身后，再摆前脚、后脚扫勾以跌人的一种步法。
⑥ "滚"，滚肩，一种双肩弧形运动的肩法。

其注曰："滚肩，倒前、倒后，听从人进。凡闪步、跌步、躲步①、勾步②、回回步、回龙勾步，皆从此势生化而出。"

【诠释】当敌以右脚、右手在前向我进攻时，我左脚向外跌一步，同时双手从外圈按敌右手。此时我上右脚于敌后，则成回回步，可以以前肩撞敌。若我上右步，再上左步，就可以圈住敌，成右边管，再倒后以肩后撞敌。若我左脚不是管住敌，而是勾敌右腿，左手后扫，则成回龙勾步。在运用这些步法时，还可以托撞扫打敌耳腮。

八仙醉步图式

八仙醉步图式如图2-26所示。

脚悬颠桩③式，又曰金鸡独立，亦名寒鸡步④。凡捷步⑤皆从此生。铁拐李、汉钟离⑥皆从此化出。

横步⑦从此生，鹊步⑧亦从此生。

此法最得势又⑨猛狠，学者不可不习练此图也。

横行势（左膝前字）。

【译文】八仙醉步，就是脚悬颠桩步，因动作如寒鸡一脚站立、一脚悬缩，故又名金鸡独立，也叫寒鸡步。凡捷步皆从此化生。铁拐李、汉钟

---

① "躲步"，前脚向外跌出，后脚跟并下蹲的一种步法。
② "勾步"，以后脚向前勾扫的一种步法，多配合身法以应用。
③ "颠桩"，颠桩步。脚步向前后左右颠跳的一种步法。
④ "金鸡独立、寒鸡步"，一脚站立、一脚提起的步法，外形似寒天之鸡。
⑤ "捷步"，快捷之步。"捷"，或即"截"字音误。截步，以步带腿，以前脚掌截击对方在前之腿。或是"挤"字音误。"走盘太极八步全图"中有"寒鸡步"，继之为"挤步"；"少林寺短打推盘步法"有"两下合掌挤步行"，均可证。挤步，以腿带步向敌来腿挤进。以上三说，均可成理。
⑥ "铁拐李、汉钟离"，均为以人名命名的步法。铁拐李步法，见下文"铁拐李颠桩式"；汉钟离步法，见"葫芦式"。
⑦ "横步"，横开步。前脚向外横开，后脚跟并。
⑧ "鹊步"，即雀步。如喜鹊（麻雀）向前跳跃，多今称"击步"。
⑨ "又"，原作"人"，形近而误。据胡本改。

离的颠桩式醉步，也都是从此变化而出。

横行步从此化生，鹊步也从此化生。

此式进攻退闪，最为得势，又猛狠，有志拳术者，不可不学练此图。

【按】所谓八仙醉步式，是指八仙的八种醉步，均可由此步变化而来。醉步，是指脚步跳跃跌宕的一种步法，如醉者步履踉跄之态。

此步也可看作是由左肩出势式或站步式变化而来。即在前的左脚外跳，右脚跟并缩悬，左手附于右肩外以掩托敌来手，右手藏于左胯处以待变，同时回身视敌。

胡本作"横行势，又名金鸡独立，又名八仙醉步"。其注曰："撼步亦从此生。"其诀曰："独立金鸡醉步行，直来横出弄精神。颠之倒之如狂样，肘挑肩滚无相亲。"

戚继光《拳经捷要篇·金鸡独立》："金鸡独立颠起，装（桩）腿横拳相兼。抢背卧牛双倒，遭着叫苦连天。"

本《拳经·拳法备要》"寒鸡步诀"："寒鸡一步来卖脚，君家贪抢不知觉。左擒右就必拿起，傍人笑我心肠恶。"两者均可参看。

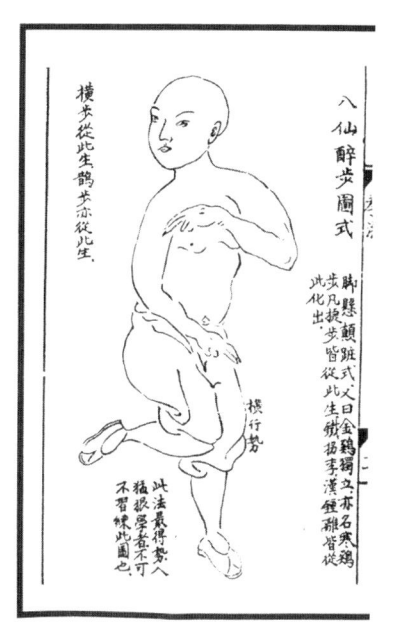

图2-26

【诠释】此式基本用法：当敌人以右脚、右手在前向我进攻时，我左脚向外横跳一步，同时右脚跟并提起，左手放在右肩外以掩敌手，右手放在左腰下以待变，眼向左回看。此之谓"横去"。继之右脚向回铲出，右手扇掌。落右脚，右手接敌右手，上左步、出左手披击打敌人。此之谓"直来"。根据手法的不同、左脚外跳角度的不同、悬脚位置和高低的不同、定势后的变势不同、再出步后与敌相对位置的不同，可变化出铁拐李、汉钟离式的醉步、挤步和横步等不同的步法，由此产生变化万千的攻防方法。另外，也可由定势后右脚的后跳，变成右式八仙醉步式。此式亦可缩小身法走中门。

腾挪偏闪式

腾挪偏闪式如图2-27所示。
缩肩（右肩字）。
缩紧一团（右肘边字）。

此腾挪偏闪式，亦是由左肩出势式或站步式变化而来。即左脚向外跌一步，身体下降，身躯向内偏转；同时后脚缩向前脚，左手掩于右肩，右手反掌置于右腿外侧，右身紧缩成一团，侧身视敌以待变。可参看本《拳经》"张横秋秘授习练身法秘要"的"第三　出步练身法"。

【按】此图所绘腿部的位置不够准确。

胡本有诀曰："一团和气是腾挪，偏来闪去及（反）顺托。百骸缩紧一齐放，抓打拿□（跌）便（使）根（眼）窠。"其注曰："又曰百骸筋骨一齐休（收），总要笑脸无有火气为的。"

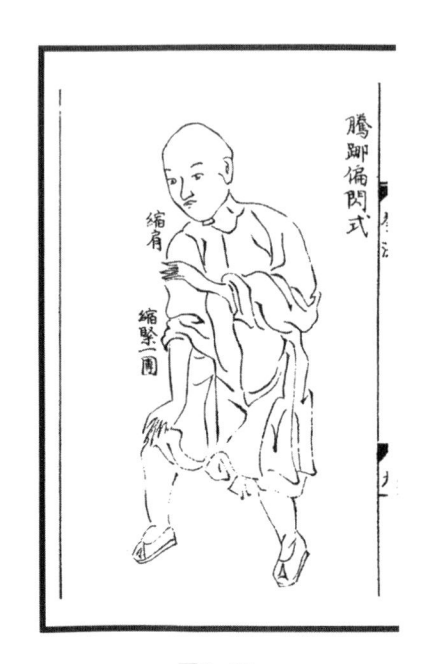

图2-27

【诠释】当敌以右脚、右手在前向我进攻时，我左脚向外横跌一步，右脚跟并成半跪势，右肩下缩，同时左手向上以八字手顺托敌右臂。继之我右脚摆出，右手上起掸击或反托敌右手，同时上左步，以左手穿搅披打敌人。此势缩身而起，不管是抓打拿跌，还是披砍插搬，都便于乘虚因势。然无论是闪躲还是回击，都要一团和气，给人以轻松之感，这正是八仙拳式的特殊之处。另外，此式也可走中门，习练者应体会这点。

铁拐李颠桩式

铁拐李颠桩式如图2-28所示。

醉步此中生出，猴拳亦从此生出。

肩带垂势，右①足悬缩一团，右手放右②腰边。其出时最紧密，不可乱传。

【译文】醉步从此式中变化生出，猴拳的步式也从此式中变化生出。

右肩要带下垂之势，右足悬缩成一团，右手放在右腰边，左手放在右耳侧。此势出击时最紧密而无破绽，不可乱传。

【按】此式以铁拐李命名，就是指其右腿是缩提或半跪，类似于跛者之腿，也即"巽风腿"。所谓"颠桩步"，就是用颠跳步来往移动两腿。

此式根据手法、脚法的不同，可变换成八仙式醉步、猴拳护胸式；右脚前出，可变蹁跹式醉步。对此式的要求是右肩要有下垂之势，右脚悬缩成一团，右手放在右腰边。

此图所绘腿的位置不够准确。

汪本有注曰："进步用滚肩，手肘带靠，最必猛狠。"

其诀曰："铁拐肩垂带靠入，腿法虚悬颠进出。两手勾挽似疯魔，伸缩圆活易为力。"

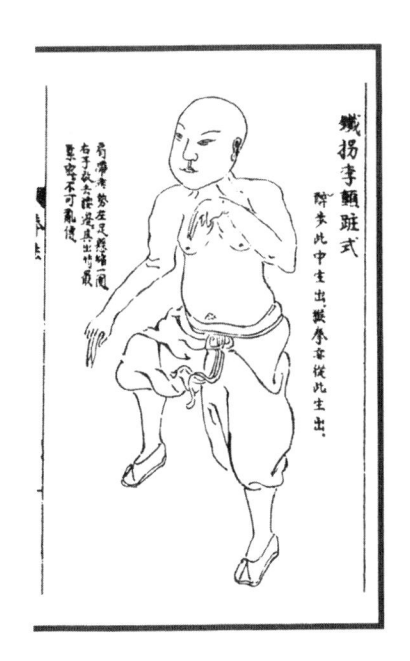

图2-28

【诠释】此式也可由左肩出势式或站步式变化而来。即左脚向外横开颠出，右脚随之缩提，右手下垂放于右腰边，此谓之"颠出"。然后右脚

---

① "右"，原作"左"，误。
② "右"，原作"去"，草书形近而误，据汪本改。

向前跃步摆出，右手向前上鞭出，随之左脚上步圈扣，左手向前击打，此谓之"颠进"。在颠进颠出的同时，两手随时勾挽敌手或腿，勾住后或擒或丢，丢则随手上击，以接敌手。此式亦可走中门。

破打边盘式

破打边盘式如图2-29所示。

左脚一点，右边腾起射进，肩必在敌人腋下，手必在敌人腰边，腿必在敌人腿腕边，臀必要紧贴敌人脚叉[1]。敌人脚窄狭，而我两脚俱关[2]住，即为双关法。

以中盘打边盘即为双关；此法更妙，不可妄传。进步须要倚斜步。

后手膊着力（右边人腿后字）。

管在此（左边人脚跟字）。

【译文】走边盘破打敌人，我左脚往敌左腿外偷进一点，将右侧身体缩为一团，腾起射进。我右肩一定要进到敌人腋下，右手必要进到敌人腰边，右腿必要从身后抵进敌人腿弯、脚踝边，臀必要紧贴敌人腿叉。若敌人立脚窄狭，而我能将其两脚俱关住，即为双关法。倘能从中盘入边盘进而双关，也为双关法，此法更精妙，不可妄传。此式进步须要用倚斜步。

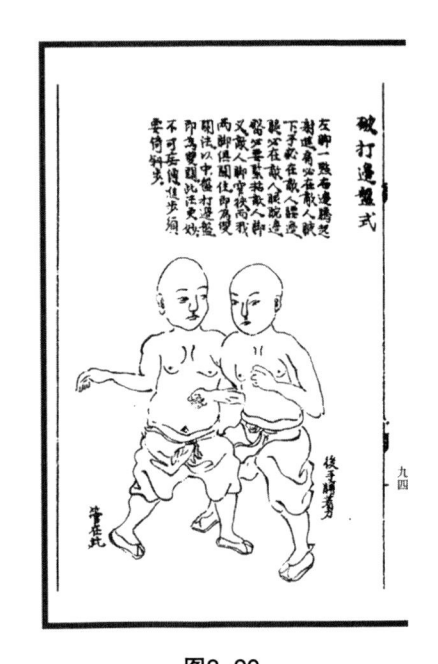

图2-29

【按】此图式亦可看作是由左肩出势式变化而来。即以左手挽敌左手，转身上右步从敌身后管其双脚。

此图与下"中盘式此破法""走外盘式"二图，在早期各本中均无，应是曹焕斗所补绘。图式所绘人物位置欠准确，当是抄录人写真能力所限。

---

[1] "脚叉"，即腿叉，指臀部两腿分开处。
[2] "关""管"义同。下"关"字亦是。

【诠释】破打边盘式图，为释"下盘细密秘诀"中的"边盘秘法第四"及"张横秋先生秘授习练身法秘要"之"走左右盘闪法"，可参看此两节文字，此不赘述。唯"以中盘打边盘即为双关"的注文，须作考究。下以"戏珠大法"为例进行探讨：当我用中盘戏珠法以右手击敌下颌时，敌人必以左手拦截。此时我左脚上半步，左手松开挽敌之手，从我之右臂下穿出，掠住敌拦我之左手，身体便由中门进入边门，而右脚同时上圈步从后管住敌脚，即为"以中盘打边盘"。

还有一种"以中盘打外盘"之法，述于下以备一说。仍以"戏珠大法"为例：当我以右手击敌下颌时，此时敌若仰身躲避，我便以右脚从敌右侧外管敌双脚，即为"以中盘打外盘"。此时我之身体仍在中门，腿却进至外门。此法不仅较"以中盘打边盘"为妙，也比常规的外盘打法更为严密，一般情况下很难被破解。因为此时敌人的右手已被我擒住，身躯全仰，身法不能下，左右不能转，我之腿又管其后，已完全处于被动状态。

中盘式此破法

中盘式此破法如图2-30所示。

左手将人右手托起，须从肘下进，右手与身法缩紧一团，从人心窝血膛射进，而脚腿必一片钻入。敌人虽用打掌破，然右手被擒，亦无能为矣，以虚步走不开，而身法不能下也。戏珠进此，盖进者胜，破者败。以进者法，身法故也。

手要一片紧密（左边人身后字）。

射进（左边人右脚下字）。

脚必抵跟（左边人左脚跟字）。

【译文】倘走中盘破打敌人，我须先用左手从敌人肘下进入，将其右手托起，继之我右手与右侧身法缩作一团，向其心窝血膛边射进，而同时右腿右脚必要一体钻入敌裆内。此时敌人虽可用左掌破打我

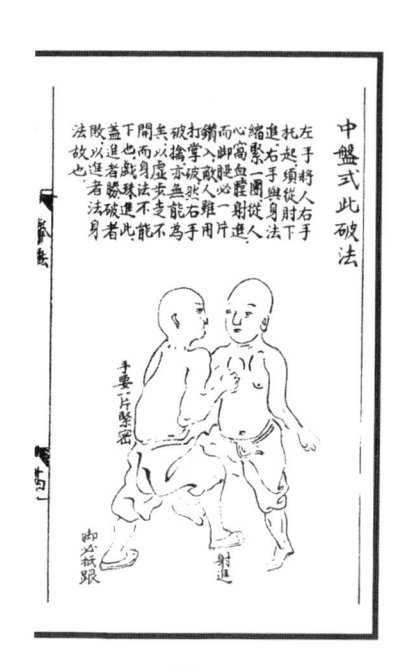

图2-30

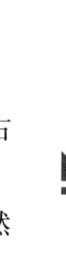

右手，然而他的右手已被我擒住，便也无能为力了。这是因为我右脚已插进其裆部，敌人脚步已虚，无法走开，而身法也不能下降。戏珠法到此地步，可以说是进者胜，破者败。这是因为进者所用之法为身法的缘故。

【按】此法亦可看作是由左肩出势式变化而来，即敌右脚、右手在前进攻时，我左手从其右肘内上穿接挽敌手，继之右脚、右手、右身一齐射进敌身。其注文先言"左手将人右手托起"，后又说其"右手被擒"，实际是先托后挽，并不矛盾。此式以"十字手"交叉上接敌手更为快捷。另外，此法颇类八卦掌中的"穿袖挑打"。

【诠释】此式为诠释"下盘细密秘诀"中的"中管秘法第二"及"张横秋先生秘授习练身法秘要"中的"走中盘闪法"，可参看此两节文字。

走外盘式

走外盘式如图2-31所示。

人打进，而我将脚一闪，即将右手右脚一片射进。肩必从人腋①下，手必从人②腰边，臀必从人腿边。此"避③实击虚"从此会悟也。

脚一扎（右边人左脚跟字）。

臀用力（右边人两腿间字）。

脚射在此（左边人左脚下字）。

【译文】倘若敌人以右脚右手在前打进，我将左脚向外一闪，随即将右脚右手从其身后一起射进。肩必须从敌腋下进，手必从敌腰边入，臀必从敌腿边

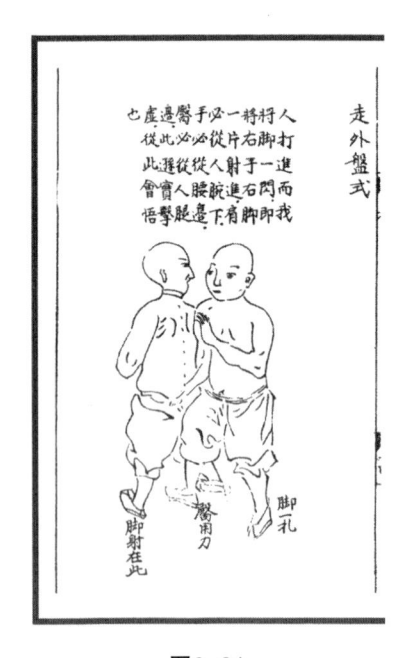

图2-31

---

① "腋"，原作"腕"，草书形近而误。
② "人"字原缺，据上下文例补。
③ "避"，原作"逊"，草书形近而误。

坐进。人们常说的"避实击虚"之法，可以从走外盘式中得到领悟。

【按】此式也可看作是从左肩出势式变化而来。敌右手右脚打来，我左脚外开，左手由下向上托敌右手，右侧肩手臀脚，一起射进。

又，图中注文说"（右）肩必从人腋下，（右）手必从人腰边"，然亦可右手从人臂上进，如松溪内家拳中的"朝阳跌"和"燕翅跌"。各式八卦掌中的里脚外扣之法，均与此式相近。

【诠释】此图式为释"下盘细密秘诀"中的"外管秘法第三"和"张横秋先生秘授习练身法秘要"中的"走外盘闪法"，可参看此两节文字。

又，以上三盘破打法，边盘破打是走之字步，中盘破打是走通怀步，外盘破打是走玄字步。

步法之图

步法之图如图2-32所示。
用黑虎钻裆。
用铁牛耕地。
用老僧拜佛。
黑虎咬猪。

此步法之图，在原《拳经》中与前后文无密切关联，其应用的方法，除"铁牛耕地"外，在拳经中找不到相关文字，而且尚有两图没标注文字，殆有缺文。

【按】从图式及注文看，所述多为单招技法。其用法不详，但并不是无迹可求，有心者不妨仔细寻找。

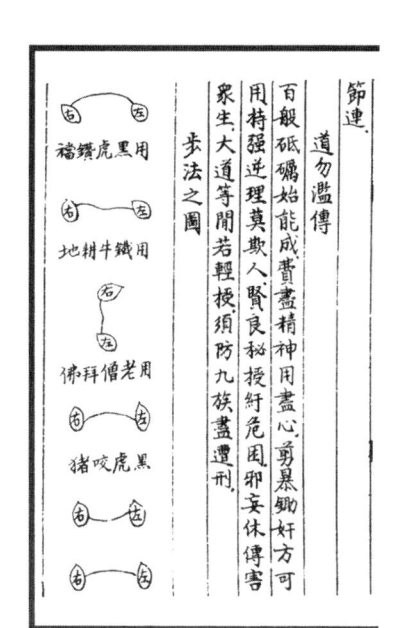

图2-32

【诠释】根据线图，笔者略将各式进攻路线说明如下。
黑虎钻裆：我左腿、左手在前时，我左脚向敌右脚内侧摆脚上步，继之右脚射入敌裆内，同时伏身下钻。右脚走弧线。

铁牛耕地：我左脚、左手在前时，我左脚向敌右脚内侧摆脚上步，继之右脚直入敌裆内。与上不同者，一为钻裆，一为耕地。

"拳法备要"中有"铁牛耕地"诀，移此以作参研。

诀曰："耕地势来指面庞，泰山左压右掀桩。不露臀兮肩着力，脚跟铁打也难当。"

老僧拜佛：我左脚、左手在前时，我左脚向敌右脚内侧摆脚上步，右脚直入敌裆内；同时双手合十，至敌胸前打开顶右肘。亦可走外门。

黑虎咬猪：我左脚、左手在前时，我右脚向左脚前盖步。

无用法名称：我左脚、左手在前时，我右脚向左脚后插步。

无用法名称：我左脚、左手在前时，我右脚向左脚前盖步。

走盘太极八步全图

走盘太极八步全图如图2-33所示。

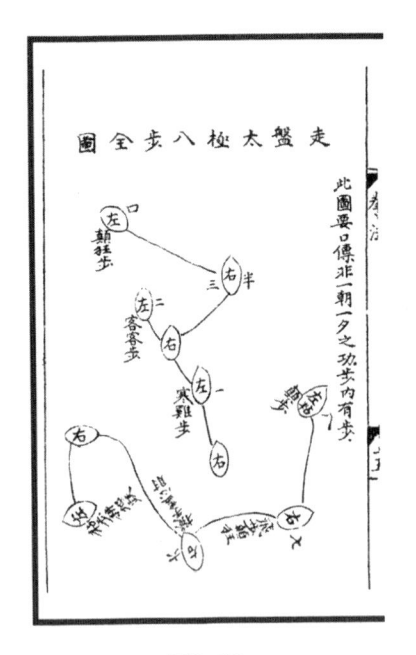

图2-33

此图要口传，非一朝一夕之功，步内有步。

（一）寒鸡步。

（二）挤^①步。

（三）半。

（四）颠狂步。

（五）粘步耕地跌。

（六）拨手盖心肘。

（七）飞步颠狂。

（八）颠步。

【译文】此走盘太极八步全图，要口传亲授才能明了，要把它掌握，非一朝一夕之功。因其步中还含有很多步法。

【按】此图轨迹虽分为两段，实际上应是相互接续的。因纸幅所限，接绘困难，故分为两段。又据此图"走盘太极"之名，其运行轨迹，当大致为反折圆"阴阳鱼"形。反折圆阴阳鱼又近似于"禹步"，禹步也称"步罡踏斗""七星步"。为了便于标注文字和步迹，才将本为双鱼形的轨迹绘成了折线形。

此线图为单人习练步法之用。练习时须配合身法、手法，才能准确到位。

从图注可知，八步全图所含妙理甚深，且步中有步，变化莫测。校释者根据个人理解，稍作诠释，以供参考。

【诠释】（起势）左前右后"站步式"对敌—（一）左脚左侧迈，右脚跟提，缩悬于左股内侧（寒鸡步）—（二）右脚向右摆落，左脚上步侧身，双手前出成中平势（挤步）—（三）右脚右开跌步，左脚缩向右脚侧（半）—（四）左脚左跳，右脚跟并（颠狂步）—（五）右脚直步稍横出，上左步、左手掠敌右手：上右步、右手由下向上挑击人面（粘步耕

---

① "挤"，原作"客客"，上部落一"客"字。俗体"挤"字为三"客"字叠成"品"字形。"少林寺短打推盘步法"首句"两下合掌挤步行"，影印本"挤"字正作三"客"字。汪本"挤"字亦作三"客"字。

地跌）—（六）右脚后撤，右手掩手；右脚复前挪，右手右上拨，拗步左手钉心肘（拨手盖心肘）—（七）右步右开，身法下跌，左步跟并虚提（飞步颠狂）—（八）左步颠起上步、同时出左手，以左侧粘接敌人（颠步）。此时又回到起始状态，可接演以上步法。

张李①盘步

【按】张李盘步图，为两人对操所用。前后共有两张图，不相接续。看着让人眼花缭乱，实际上由五个基本操法组成。第一图共有两个操法，第二图共有三个操法，你来我往，互相盘拿，多呈对称式，看似简单，而每一招均含无穷变化。如按压对方手臂后，前手可向前掸击、可里裹向下插塌、可外绞由下进入内门，继之以后掌前撞。托敌之肘后，所托之手可前击敌肋，可变肘撞、肩靠，可松后手，托前手，以后手前插敌喉。腿法、身法，亦可变化多端。习练者宜多加体悟。

第一张图两个操法，张为主动进攻方，李为破方，但李非单纯地破，而是破后即变主动进攻。第二张图三个操法，李为主动进攻方，张为破方，但李的进攻，仅为搭手，实际仍以张为主攻方。第三操法是"铁牛耕地"，线图上绘有一牛。

两人的往来盘拿，为一个循环，即张拿李破，李破复拿，便告结束，动作基本相同。这是编者为叙述方便，预先设定为张主动、李被动的；自然也可以双方互换练习。图中所示，或为张李分别从两端开始，至中间结束；或为从一端开始，至另一端结束。

话虽如此，但张李盘步图只简单地注出盘法及势名，几百年之后，术语变迁，且各拳种的名称也不一致，颇令人费解，所以较"走盘太极八步全图"更难诠释。校释者根据自己的体会予以诠解，仅作参考而已。

如图2-34所示。
（从右至左，从上至下为序。）
右脚消半步。

---

①张、李，不知所指何人。方玉泉抄本末题："龙飞宋朝太祖年间，仙家下凡，将拳传与张、李二家，故不轻传。"此说或托其名。然根据步法，可能是代指八仙中的张果老、李铁拐。

左手拨，如擒拿擒跌。
左手阳擒①。
右手阴擒②。
左，张老寒鸡步压。
张回身勾肘。
右颠狂。
李左脚一卸。
张寒鸡压步。
颠狂右阴擒。

（图2-34以中间为界，分为两种操法。）

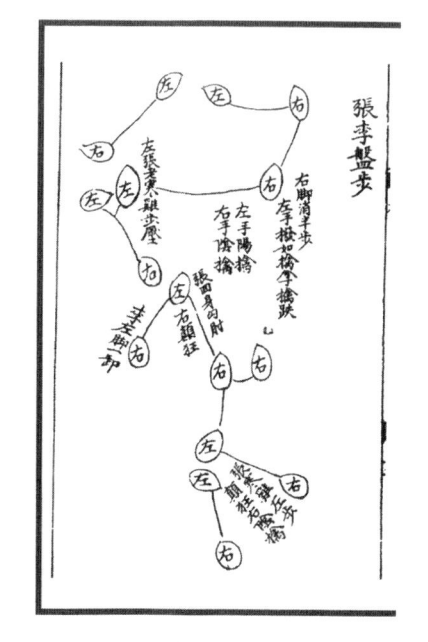

图2-34

【诠释】

第一种操法：（上图分别从左右两侧开始）

两人左顺势对站，左张右李。起势：左张，摆左步左转身，右脚上提成寒鸡步；继之摆右脚下落，从李右侧外压进（左张老寒鸡步压）→张右手挽李右手腕，外拧向后挽带（右手阴擒），上左步管李双脚，左手仰掌下滚，手心朝上（左手阳擒）→李右脚后退半步（右脚消半步），翻右臂，右手反掠张右腕，上左步管张双脚，左手由张肘下穿出；继之左手后拨，将张跌出（左手拨，如擒拿擒跌）。

第二种操法：（下图分别从下、左两端开始）

两人左顺势对站，上张下李。起势：张右脚外摆侧身，左脚缩提成左寒鸡步；继之摆左脚上步，从李左侧压进（张寒鸡压步）→张左手挽李左手腕，颠狂上步，右手手心向下，压李左肘（颠狂右阴擒）→李不等张压下，左脚后退半步（李左脚一卸），反手掠张左手腕；颠狂上右步，以右手心向下按压张左肘（右颠狂）→张不等李压下，坠肘化解，复向上反手挽李左手腕，上右步管李双脚，回身以右手勾开张左肘，继之下插再反

---

① "阳擒"，一手后挽，一手在前、手心朝上，用力向下滚压，或托举以擒制敌人的技法。
② "阴擒，一手后挽，一手在前、手背朝上，用力向下按压，以擒制敌人的技法。这种手心为阳、手背为阴的阴阳说，是明清人的习惯，与正确的阴阳定义不符。

手上击；或以左手向前推撞（张回身勾肘）。

如图2-35所示，（从右至左，从上至下为序）

张老用进马掀桩跌。
李用盖手打进。
用阴擒。
张左擒化右手。
李必捧入。
张左擒化，左[①]手用阴擒。
铁牛耕地。
左擒右跟。
左压用腿。
不可露臀。

（图2-35以上、中、下断处分为三操。）

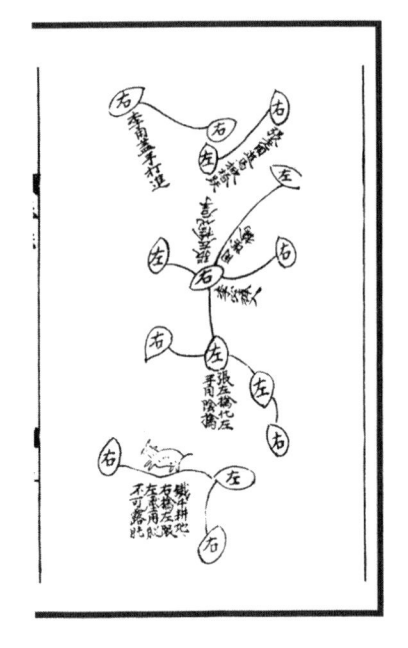

图2-35

【诠释】

第一种操法：（上图2-35：二线四足图。按中间上方一足图内"右"字应为"左"字）两人左顺势对站，左李右张。起势：李左手挽张左手，上右步、右手从头向张盖打（李用盖手打进）—张摆左脚，左手下沉卸其力，再扭身旋转向上掠李左腕，上右步成马步管李双脚，同时右手从李左臂下插进；继之右肩后倒，右臂上扬，左手松开，上下合力，将李掀跌（张老用进马掀桩跌）。

第二种操法：（中图2-35：从下开始）

两人左顺势对站，下李上张。起势：李挽张左手，上右步右手用盖掌击张。张卸身，左手反擒李左手，上右步、右手按压李左肘（张左擒化，右手用阴擒）—李右手从左臂下穿出，左手收回，双手变仰掌下压、再掌根相贴，从右侧进捧张头颈（李必捧入）—张侧身，右手内掩，左手从右

---

① "左"字当为"右"字。

臂下穿出，再掠李左手腕翻转后挽，上右步用右手复下压李右肘（张左擒化，右手用阴擒）。

第三种操法：（下图2-35：二线三足图，绘有一牛）

两人左顺势对站，左李右张。起势：李上右步出右手击张。张左步稍进于李右脚内侧，同时左手从内上挑李手并后挽，上右步右手向上挑击李面（铁牛耕地）。李必用左手以打掌破张右手。继之张左手外擒李右手下拽，右手翻腕擒李左臂上掀，同时左腿前进向外靠压李右腿，继之进右步入李裆，上下合力，以肩劲将李向左侧摔出（右擒左跟，左压用腿，不可露臀）。

《绵张叙》

佚名①

（一）

寿春乃寿州也，有八公山。遇一游僧，眉长过脐，叠禅台，坐于茅庵之下。数无饮食，人皆异之②。唯有泗川张公，名让③，家贫，力④给采樵为活。见僧端坐，问僧："有饭否？"僧曰："无。"张公每每设馔供之。僧谢让曰："汝恩多矣⑤。吾有袖里金不换，授与公，公当谨记。挝拿跌打，应变无穷。"公传与住，住传与宾，宾传与扑⑥。传四世，艺高海宇，名震两京，往往求教者，不计其数。后，祖往山东贩绵。路逢贼人，劫去绵货。公用神法制之。贼人跪而告曰："愿留大名。"公曰："我乃寿州名家，贩绵生理。"贼人抱头而走。讹传"绵张"是也。

吾祖号绵张，存留产寿阳。学成文武艺，拳法世无双。

（二）

⑦寿州之阳，有八仙公山。一僧游⑧，类禅，坐茅庵下⑨，不知其何许人也。少有见其饮食，人皆异之。时有泗州张公名让者，居此采⑩樵为活。见僧叩坐，叩问其故。及问饮食，僧曰："无。"公辄供之，因此相识。日久僧曰：

---

①此《绵张叙》辑自富川本，不注撰者姓名。从胡本"松（朴）传吾师"句推测，或是张鸣鹗（横秋）所撰。
②"之"，原作"云"，草书形近而误。
③"让"，原作"滚"，繁体草书形近而误。下篇两"让"字同。
④"力"，原作"刀"，形近而误。
⑤"矣"，原作"关"，形近而误。
⑥"扑"，或为"朴"字，形近而误。仍录之。
⑦此下辑自胡本，不署撰人，亦无序名。
⑧"游"，原作"遇"，繁体草书形近而误。
⑨"下"，原作"之"，草书形近而误。
⑩"采"，原作"在"，音近而误。

"蒙汝饭我，恩亦多矣。我袖里有黄金不换，授汝。其事则跌打抓拿，变化无穷。汝能习之纯熟，则可艺高海宇。"公如斯教，尽得其能。后往山东贩棉，路逢劫贼，用艺制之。贼人跪告，请留显①名，公曰："吾乃寿州居民，贩棉张让是也。"贼人抱头叩。是误传公为"棉张"耳。后受官归林，传其道与住、住②传宾、宾传松、松传吾师③。历经数世，代不乏人，可谓名家。为④叙其源耳。昔公云："吾乃寿春一武官，历代传留为师范。俗人号我是棉张，其实袖里金不换。"盖言僧为异人，非凡士也。吾师亦题云："吾祖号棉张，存留产寿阳。艺传金不换，拳法世无双。"吉（古）歙济阳⑤。

《拳经·总序》⑥

张鸣鹗（横秋）

且夫有文事⑦者，必有武备，余窃疑之。诗书戎马，可并习乎？然自昔迄今，用武未尝不可以佐文也。大圣人轩辕氏作，兵端肇开，历代多有之。蚩尤征而垂衣裳，有苗伐而舞干⑧羽；汤放夏而辑宁，武克商而大定；周公讨四国而洛营，孔子诛少正卯而鲁治。帝王师相，莫不以钺斧而臻太平者，非武佐文之明验哉！慎毋以诘⑨戎为末务⑩、习练为细事也。

然肄武莫先乎习拳。而说者曰："拳，徒搏击也，何如器械之坚利！"不知弓、矢、戈、矛之能卫乎身，不能使身善为用。何者？身与手不习也，手与器不惯也。欲其得心应手也难矣。惟拳有身法焉、手法焉、步法焉，实武艺之

---

① "显"，原作"頭"，繁体字形近而误。显名，大名也。
② "住"字原缺，据文义补。
③ "吾师"，当是张鸣鹗（横秋）称其师陈松泉。
④ "为"，原为"名"，草书形近而误。
⑤ "吉歙济阳"，"吉"，"古"字形误。济阳，济溪之北，在今江西省婺源县江湾镇济溪村，古属安徽歙县。当是胡义俊的家乡。
⑥ 《总序》辑自良轮本，以胡本、国技本对校。
⑦ "事"，原作"士"，音近而误。
⑧ "干"，原作"子"。形近而误。
⑨ "诘"，原作"诰"，国技本作"诘"，是。诘戎：过问军事。典出《尚书·周诰》。
⑩ "务"字原缺，据国技本补。

根本也。一法不备，不足以精器械；欲精器械①者，必先练夫拳。

　　拳不一家，而各擅其长。或善于掌焉，有顺掌、反掌、拜掌、托掌、单掌、鸳鸯掌之不一；或善于拳焉，有顺拳、反拳、冲拳、撺拳、横拳、圈拳、披拳、填拳、牵拳、勾拳之不齐；或善于肘焉，有顺肘、反肘、直肘、横肘、冲肘、斜肘、顶肘、顿肘、挫肘之不同；或②善于膝焉，有左膝、右膝、撇膝、跪膝、顶膝、迎膝、缩膝、短膝之不等；或善于腿焉，有单腿、双腿、换腿、旋腿、踹腿、跟腿、蹬腿、短腿、撇腿、逼③腿、颠腿之分；或善于身焉，有进身、退身、反身、顺身、蹲身、跃身、偏身、闪身、伸缩身之各殊；或善于步焉，有长步、短步、直步、横步、闪步、点步、顺步、反步、勾步、曲步、蹴步、挺步、实步、虚步、管步、偷步、雀步之不俦。而彼有所长，此有所短，未若跌打抓拿法之大成者也。跌而不打则跌轻，打而又抓则打重；抓而不拿则抓松，拿而又跌则拿硬。若四时之错行而相资，如日月之代明而互用；形势与人同，筋节与人异，所谓拳之上乘非耶？试言其手法，则凭虚而入，不撄人之力；乘时而进④，适中彼之窾⑤，若僚之弄丸，循环而无端；若丁之解牛，游刃而有余。于身法，重如泰山之压，轻若鸿毛之飘，游扬处花飞絮舞，变幻处活虎生龙。若夫步也，且⑥"之"且"玄"，难以觅踪；亦长亦短，无能把捉⑦；进则为排山倒海，退则为雨散云消，不图为拳之至于斯也！。用之习技，不须另寻。故曰：习技莫先乎习拳。

　　余业儒也，而僻性好武，从拳操技，盖有日矣。岂以谓有文事者必有武备哉？正以身丁兵乱之世，必不能端章甫而点兵卒⑧，即谓之武能佐文也亦宜⑨。余⑩尝录拳经数百首，并附诸械百法，编成一帙，实吾师陈松泉翁，少具侠气，重携金赀，遨游海内，遍访名家，描神⑪摹巧而成之者也。余不敢没其善，亦不

---

① "欲精器械"四字，据国技本补入。
② "或"，原作"有"，据文例改。
③ "逼"，原作"揊"，当是草书形近而误。
④ "进"，原作"逢"，繁体字形近而误，据国技本改。
⑤ "窾"，原作"窍"，形近而误，据《庄子》改。
⑥ "且"，原作"具"，形近而误，据国技本改。
⑦ "捉"，原作"作"，音近而误，据国技本改。
⑧ "卒"，原作"笔"，繁体形近而误，据国技本改。
⑨ "也宜"二字原缺，据国技本补。
⑩ "余"，原作"馀"，音近增笔而误，国技本作"予"，义同。
⑪ "神"字原无，据国技本酌补。

敢私其美，出而公①之同志，以为登坛一助云尔！

《授受原因叙》②

张鸣鹗（横秋）

夫拳之习，奚为而起乎？盖谓"身体发肤，受之父母，不敢毁伤"而具者也。经云："战阵无勇，非孝也"，言以保身为孝也。矧古圣帝明王、仁人孝子，莫不重其事，而尊其术。是以历代依武成名者，不一人；因人著能者，不一技。或有以弓矢棍棒，或有以刀剑戈矛。精其技而造其神，吾闻之矣，初未闻有以拳传于世也。有之，乃有宋太祖始创立长拳三十二势，遍打天下，莫之有敌，且卒能保身解危，藉登九五之位。若使宋太祖当时未习拳法，几被奸人所算矣，岂非习拳有益之一证哉！

其术感发人心，其事脍炙人口，宝而传之，仅一代从而习之，不止一人。纷纷杂出，纭纭狲生，逞奇献巧，各成一家。总而言之，无非防范保身而已，敢谓恃拳而残人乎？

孰意凡俗不古，浇漓渐开，忘乎立拳之原，昧乎习拳之用，稍得其能，遂扬眉吐气，飞拳跃腿，横行村堂，视无③敌焉。嗟乎！其真无敌于人耶？殆未遇④真拳其人耳。所以弱者受其欺，寡者被其害，富者遭其辱，贫者惧其怪。俾常⑤之人，敢怒而不敢言。甚而伤残手足，以危父母，岂非不孝之奢耶！

余罔，窃自思曰：非拳无以保其身，非拳无以全其家，非拳无以锄其强，非拳无以除其暴，非拳无以免其辱，非拳无以止其害。是拳之习，益于人也，甚亲切而不可缓者哉！乃奋然而兴，锐然而往，专心从拳，盖有日矣。而其所以成此术者，虽予之僻性好武，亦家先人钟爱而致之也。吾十有五而志于拳，三十而立，未尝私传一人，人亦不识予之能拳，隐而自乐，埋而不彰，若将终身焉。

---

①"公"，原作"云"，形近而误。"公"字义胜，据国技本改。
②此《叙》辑自良轮本，当是张鸣鹗（横秋）所撰。
③"无"，原作"为"，草书形近而误。
④"遇"，原作"有"，殆"遇"脱为"禺"，复因草书相近而误。
⑤"常"，原作"堂"，形近而误。

自庚辰①秋，糊口于歙南锦庭之里，里有长者荣佩兄、与其侄泰如②者，颇亦好武。一日闲话，问及斯道，每以无真拳为对。予慨然叹曰："非无真拳，盖无真传耳！"继出平生所学示之。荣老乃曰："不图为拳之至于斯也！存其形势与人同，而筋节与人异也。"因命其子侄辈，从余学焉。三年有成，虽不能出众超群，略足以制胜却敌；虽不能建功立业，亦足以全家保身；虽不能尽忠尽孝，亦足以祛害除凶。固曰天命使然，实乃人事所致。

俗以予为不肖，畴③能必我之拳真乎？故传授必其人，既得其人，必授其真。世之秘而不传、传而不真者，皆先生之罪也。至于乡愚野夫，道听而途说，侮慢拳师，而卒误人子弟，噫！奚足道哉！

《张氏拳略说》④

胡道生

天下之善拳者，不胜种种，何独为称我徽郡张氏为最乎？亦有其说存然！何也？盖诸家之拳，得一节而不全，会夫上而遗其下，右手实⑤而左手虚，身虽雄而脚实弱。手忙步乱，肩吐腰削。遵旧规而失传，守死法而自错；学模样而未真，摆架势以自诈。闲时跳跃，飞拳舞腿，习成一家之美观；对敌交锋，扭胸扯发，不免为古之笑谈。虽有快捷便利之手，而无轻浮坚固之脚；有进退偏闪之身，无筋节运气之学。

惟横秋先生之拳，练一手，便全身之用；习一节，具众技之能。身法、手法、脚法，一气呵成；左盘、右盘、中盘，如珠贯串。前后照应，上下紧密。脚进而身腰齐到，拳打而肘肩并入。手快步稳，肩硬腿雄。跌打抓拿，异名而一致；偏闪腾挪，适用而殊名。拳有取义，名非浪立。按天地人三才之数，贯时节候八九之分；探阴阳生杀之权，察动静虚实之情；审强弱多寡之理，寓奇正变化之神。出一手，而全身力至；偷半步，即遍身通雄。有硕锐坚钢之质，

---

①庚辰，明崇祯十三年（1640年）。
②泰如，或即张横秋首传弟子吴亦政。泰如，其字。
③"畴"，原作"醻"，繁体形近而误。畴，繁体作"疇"，其义为"谁"。醻，今作"酬"，谢也。
④《张氏拳说》辑自良轮本，撰者不详，当是张氏后学。因良轮曾跟胡道生学过拳，故暂系在胡氏名下以待考。
⑤"手实"，原为"力"。

兼快利便捷之锋；有进退冲击之势，带偏闪腾挪之身①。步若放长丈余，可以管跌；步若收短寸许，亦能变更。让中不让，不攻而攻。身步齐到，手脚共跟。形势相像，筋节不同。身法如山之重，手法如波之奔；脚法如弓若箭，行如虎探龙腾。势势相承，节节相生。此实拳家之妙，固非秘而不传，非传而不真，尤在强志不已、砥砺精纯之所成耳！

奈何今之习拳者，心贪而务②学，功罕而少成。病在速效，而舍旧迎新；朝秦暮楚，而心活无凭。不专习练，东索西寻；不务实绩，爱慕虚名。以此自娱，何能通神？拳法惟在于习练成熟也。是故，一熟则便捷快利之锋，不求而自致；运用变化之功，不攻而自能。卷舒不觉，收放自然。造乎神者，方称为法；化乎壹者，始谓之拳。诚哉斯道，奥妙深玄。吾家传授，探本穷源，世人蒙昧，不识拳法有通化存神之用，稍一手脚活动，遂以为能，辄曰：我是张家拳云！

《身法宗旨》③

程良轮

尝④闻学书者曰："不知六书者，不可以会字。"谓习拳家，不具三法者，尤不可以宗拳也。何为三法？乃手法、身法、步法是也。一法未精，则不可以抵敌；三法不备，学而未入门，与不识拳者无异。

然而三法之中，首重于步。以步为主，以手为用。步者，根也；身者，本也；手者，枝也。如树⑤者无根，而枝附如失⑥耳。即手为门户，以掩护周身，固不可忽，若非身体环转支应，莫撄劲⑦敌之锋。然身手虽具圆⑧活，苟无步多进退相承，终难避冲逃直。纵能偏闪斜侧，手动而脚不应，身转而步迟态⑨，上

---

① "身"，原作"分"，草书形近而误。
② "务"字原缺，据文义补。
③ 《身法宗旨》辑自良轮本。
④ "尝"，原作"常"，形近而误。
⑤ "树"，原作"拙"。草书形近而误。
⑥ "失"，原作"夫"，形近而误。
⑦ "劲"，原作"动"，形近而误。
⑧ "圆"，原作"园"，形近而误。
⑨ "态"，原作"能"。繁体"態"字失"心"字所误。

下乖①违，则进退碍绊②，焉能克敌制胜哉！

嗟乎，余之习拳者，专③尚重手，不知体面，不为用竟，置步法而言，是犹舍本④而就末也。且而跨马开弓之旨，久失其传；动节运气之学，世所罕有。所以肄武者，昧偏闪腾挪之义，无起伏粘卸之方。不求动节之略，独恃⑤练力之事⑥，究其身法，尚未知是何样范，或稍能蹲身端坐者，遂认曰身法好。常见有三脚猫，假冒拳师，去⑦三家村里谈技，教人摆坐马势，将两脚八字分开，挺直坐下，不异老者登厕。乃喻学者曰："要练到推不动方妙！"并不言脚步如何进退，身体如何操守，其势其名何义，其法其用何持⑧，毫无筋节指点，使人莽撞瞎摸。又如教人摆前弓后箭之势，先将学者身体帮正向前，以前脚跨出，俨如十字屏风，然后将学者后脚弯⑨里一蹬，看坚硬否，随喻学者曰："此处最要坚固，不然恐被人在后往里一蹬，就要跌翻。"闻⑩此议论，几令人喷饭。

其如手法，则横冲直撞，但知以重为能；脚步则直进直出，自谓以快便可称，岂知拳法奥妙靡穷，比⑪如书⑫囊无底，有许多奇正相需之方、反复制胜之义，只可意会，难以言喻。若恃手重步快之一见，遂可以尽拳法之神奇，吾不信矣。种种传来悖谬，难以悉数，略举一二，以见冶习之误。

夫手法固⑬宜于重，然必谙于披窍导窾，方能克敌。而身法虽贵乎⑭低，不有起伏卷舒，何以操持？兼乎⑮伸缩圆⑯活之利，精阴阳幻化之微，更须手一动

---

① "乖"，原作"乘"，形近而误。
② "碍绊"，原作"凝半"。前字"礙（碍）"形误为"凝"；后字"绊"失笔为"半"。
③ "专"，原作"耑"。"耑"，"专"的古体字。
④ "舍本"，原为"拾者"。盖"拾"与繁体"捨"，"者"与"本"，均草书形近而误。
⑤ "恃"，原作"特"，形近而误。
⑥ "事"，原作"士"，音近而误。
⑦ "去"，原作"玄"，草书形近而误。
⑧ "何"字原脱，据文例补。"持"原作"恃"，形近而误。
⑨ "弯"，原作"湾"，殆明清人习惯用法。脚弯，即腿弯。
⑩ "闻"，原作"闪"，形近而误。
⑪ "比"，原作"以"，形近而误。
⑫ "书"，原作"出"，草书形近而误。
⑬ "固"，原作"因"，形近而误。
⑭ "乎"，原作"手"，形近而误。
⑮ "乎"，原作"方"，草书形近而误。
⑯ "圆"，原作"围"，形近而误。

则身旋步转，拳一出而肘肩并随。乘虚因势，方不攖人之力；刚柔相①济，始称御敌之奇。环转活便，斡旋上下，庶不愧于身手运用之妙也。

至于步法，则不啻于快便，尤宜轻浮坚固。其要以跟实②指悬，沉而移行；换步之间，撇膝勾臁，跟尖踹，腿随行，发不待意而后降③。迎锋触敌，刚柔相乘，顿则粘挨直入，硬则顺势斜还。让中不让，不攻而攻，无中翻有，绝处重生，庶几有下部之能，方称为步法，岂止疾快而已耶？然必专心练习，朝夕无间，幽居简出，勿为杂④学所惑⑤，方能到此地位，岂初学入门者遂得而言者哉？

是以步法切于身手，必先重致其功⑥，以立根本⑦，然后可以言拳也。故先贤定三角、梅花⑧步法，实为拳技纲领。第由来世代已久，图诀无存，咸以口传心授，不无差错之弊。兼之习者尚奇妙之节，分生枝叶⑨，各成一家，遂有寒鸡⑩步、一字步，里八字、外八字步。步非异⑪形，而名⑫不一称，但知恃能灵巧，不思偏枯反逆⑬，此皆⑭肤学浅究⑮，未揣其如者也⑯。以伪乱真，互相⑰诽谤，使学者时疑两端。议谈斯道者十常八九，揣本穷源者百无一人⑱，盖⑲非真传实学可向。

---

① "相"，原作"打"，草书形近而误。
② "实"，原作"宗"，形近而误。
③ "降"，原作"夅"。"夅"为"降"的古体字。
④ "杂"，原作"集"，繁体形近而误。
⑤ "所惑"，原作"以感"。均草书形近而误。
⑥ "功"，原为"攻"，音形近而误。
⑦ "本"，原作"者"，草书形近而误。
⑧ "花"，原作"玄"，草书形近而误。
⑨ "叶"，原无，据文义补。
⑩ "鸡"，原作"维"，繁体字形近而误。
⑪ "异"，原作"裹"，繁体形近而误。
⑫ "名"，原作"各"，草书形近而误。
⑬ "逆"，原作"掘"，草书形近而误。
⑭ "皆"，原作"者"，形近而误。
⑮ "究"，原作"匀"。"匀""究"之假借字。
⑯ "也"，原作"可"，草书形近而误。
⑰ "相"，原作"打"，草书相近而误。
⑱ "人"字原无，为校者所补。
⑲ "盖"，原作"益"，形近而误。

我徽郡绩溪庠生张横秋先生，拳法神奇，为宇内名家，体三角、梅花①步法，化为左右"之""玄"，推究精奇，成一定理；绘图着诀，启千古不发之秘，使学者得其所②宗。推③其迹④之南雄⑤，曰："萍水相逢，诚三生有幸！"因而各出生平所学，继复叩伊运用之⑥妙。乃蒙不吝见教，即发开脚步，打个圆圈，但见一来一往，势若疆场奔马，横冲直撞，不可以撄其锋。进退便捷，收放自然，乘虚因势，方不撄人之力。近身入怀，尤如地塌山崩。起伏无常，环转靡定，举动周旋，身手镕成一片，令人目不暇视，手不暇指，不啻迅雷奔电也。

　　余窃奇之！于是相率吾友洪氏丰城、杨氏震修，执弟子礼，共从学焉。乃于金阊门⑦外设立⑧馆舍，敬侍三月，朝夕亲教，得以耳提面命，学生平所未学，指已学之未明，讲解奥妙，穷⑨究根源，始⑩知往日之学，悉属偏枯，大盖冶习多弃⑪根本也。况者，师技学名流，文武兼优，循循矩矩⑫，一一使人贯通，诚然大将风范，确非凡夫⑬可并。独愧相见之晚耳。

　　缘以先生南⑭旋，吾辈以渐星散，嗣各萍踪无定，离合靡常。余因家贫少食，且而身懦多病，遂尔疏懒，究其拳技之学，犹未升堂入室。光阴荏苒，忽忽旋延十载。

---

① "花"，原作"玄"，草书形近而误。
② "所"，原作"頭"，草书相近而误。
③ "推"，原作"帷"，形近而误。推，推测、推算、推求。
④ "迹"，原作"机"，音近而误。
⑤南雄：安徽歙县明清时有雄村乡雄村，雄溪在村南流过。南雄，雄溪之南、雄村南部。
⑥ "之"，原作"玄"，草书形近而误。
⑦金阊门：苏州古城门名，其地在清中期前为繁华的商业区。
⑧ "外设立馆舍"，原为"分设主馆舍"，与义难通。殆"分""主"乃"外""立"形近而误。从下"旋延十载"推测，此年当为康熙二十年（1681年）。
⑨ "穷"，原作"窃"，繁体形近而误。
⑩ "始"，原作"好"，草书形近而误。
⑪ "弃"，原作"叶"，繁体形近而误。
⑫ "矩矩"，原为"短短"，形近而误。
⑬ "夫"，原作"之"，草书形近而误。
⑭ "南"，原作"甫"，形近而误。南旋，指张横秋由苏州返徽州老家。

辛未①阳春，利遂娄东②之南门。明年秋七月，复③蒙先生摘④玄指奥。非工深日久者不能造，无才识兼优者不可言。至⑤如村愚卤夫⑥，尤难测识，此固⑦不足与语也。

然余尝读张氏《拳经》，其采言透彻，字字为奇，一法一用，莫不备悉详言，而示人以⑧方技矣。今四方之士，尚其学者不乏，往往说则同源，法则异派。叩其运用之方，与书旨全不相符，何也？总之习武者或多鲁莽，甚至目不识丁，多因未攻书旨，何能研究精微，无非口传心授，照样画葫芦。兼之传者有秘，学者未工，遗其筋节，失其本真，一经毫厘之差，遂致千里之谬。向或图式差舛，以讹传讹，流弊日久，囊底全无。则知传来已非实⑨绩，学者安得全器。以致颈项张氏之名者，有之者有九而致志于拳。其初也，仅知艺之有拳，而不知拳之有法。一切身步、动静、运气之法，绝未见闻。日常习练，不过飞拳舞腿，以美其观；间或恃蛮力而推桩摆架式以伺骗。种种浮泛之学，一无实绩。

虚延时日，递更八载。嗣于壬戌⑩季夏，闻有我徽郡歙邑胡道生者，素以拳名，颇得张氏秘奥。适过吴门，余闻之喜，即偕三同志过访。遇⑪于虎阜⑫来自琴⑬所，欣然留居。草榻抵掌谈心，复及⑭斯道，因叩其身步之旨，遂以张氏"之""玄"步法授余。指出横直运用之⑮方，反复蹁跹之妙。分门定户，有条有理；进攻退守，绰绰有余。散之则一法通于万用，不须别生⑯枝节；合之则万

---

① 辛未，康熙三十年（1691年）。
② 娄东：娄江之东，指今江苏太仓市。
③ "复"，原作"后"，繁体形近而误。
④ "摘"字原无，补之。
⑤ "至"，原作"其"，草书形近而误。
⑥ "夫"，原作"大"，脱笔而误。
⑦ "固"，原作"因"，形近而误。
⑧ "以"，原作"之"，草书形近而误。
⑨ "实"，原作"审"，繁体形近而误。
⑩ "壬戌"当为"壬午"之误。壬午为康熙四十一年（1702年），壬戌为乾隆七年（1742年）。
⑪ "遇"，原作"过"，繁体形近而误。
⑫ 虎阜：虎丘，山名，在苏州市西北部。据说为春秋吴王阖闾墓，有剑池、虎丘塔等名胜。
⑬ 来自琴：人名。
⑭ "及"，原作"反"，形近而误。
⑮ "之"字依文例补入。
⑯ "生"，原作"坐"，草书形近而误。

殊同归一理，成为一定之规。妙在千变一用，学者瞭然可宗，真不愧吾内家秘授也。

惜吾师归泉之速，未获尽其精微，良可浩叹也！依稀宗而习之，莫不得心应手。演习一月，则起伏粘卸，自觉圆活；练之半截，则腾挪偏闪，竟成身步蹁跹。一反一复，具横冲直撞之势；彼来我去，有推坚斗硬之锋。步到身旁，敌难把捉；举手舒放，人即颠翻。得非形势与人同、而筋节与人异也？

于是复采诸家步法，反复推敲，比较优劣，果无出其右者也。此秘授真传矣。余得其不敢独私，绘图着诀，公诸同志为进道之阶耳！

乾隆癸酉[1]岁次仲秋月天都[2]后学良轮识

《中国武艺图籍考·拳经一卷》[3]

唐豪

考此书内容及序，自"玄机和尚身法图"至"挦拜手"，似为明末陈松泉所传，张鸣鹗所编。"挦拜手"以下，似为康熙初横秋张孔昭或其门弟子所作。鸣鹗原书，杂有题语二则，一在管脚法之首，一在心传六拿之前，题者"三昧"，其人似为张鸣鹗及门弟子。

予尝取蟫隐庐近出《拳经·拳法备要》考之，曹焕斗称其家自横秋相传，已百余岁。查焕斗编《拳经》时，为乾隆四十九年，上溯百余岁，最早当在康熙初叶。予所拓少林寺西塔墓僧碑，题名诸髡，凡属"玄"字派者，自前明至顺治，皆书"玄某"；迨至康熙，则悉加"金"旁，以避圣祖讳。由此观之，其传授序次，应自玄机而松泉，松泉而鸣鹗，鸣鹗而三昧，三昧而横秋。

鸣鹗序曰："余业儒[4]也，而癖性好武，从拳操技，盖有日矣。岂以谓有文事者必兼武备哉？试以身当兵乱之世，必不能端章甫而点兵卒，只谓之武能佐文也亦宜。矧古之大圣人，以之拨乱；而今之硕儒，不以之致治哉！"味

---

[1] 乾隆癸酉，为乾隆十八年（1753年）。
[2] 天都后学：天都，代指安徽歙县，因境内黄山有天都峰。后学，学人的谦称。清代歙人汪立名、近代黄宾虹，均自称"天都后学"。
[3] 由于资料的局限，唐先生此考多有讹误。下考同。详见前《张氏拳略说》。
[4] "业儒"，唐氏原文作"儒业"，误。据良轮本改。

"身当兵乱之世""以之拨乱"等语，鸣鹗与松泉，当俱是明末时人，其书之撰，亦当在其时。

此本已无诸器械百法，曹焕斗书中亦未之见，或横秋以前，即已亡佚矣。上海国技学社，于民国十六年至十九年间，以海陵度我氏藏本，付诸石印，名曰《玄机秘授穴道拳诀》，与伤科书一卷合刊。

《中国武艺图籍考·拳经拳法备要各一卷》
唐豪

民国二十五年丙子，上海蟫隐庐据光绪廿六年王某抄本印行。以张鸣鹗《拳经》考之，其书盖混张鸣鹗、张孔昭、曹焕斗三家著作而一之，以未标明某篇为某作，故读者惑焉。

罗振常序云："《拳经拳法备要》各一卷，传抄本，其法为少林宗派。据其题名，则张孔昭撰、曹焕斗注；按其内容，则孔昭之法，焕斗述之，非孔昭原著也。自来书之注解，概列本文于前，而附注其下，以为区别。此书则本文注解，初无界限。其《拳法备要》，不署张名，图又为曹所补，似全为曹作。然《拳经》中'双管秘法'后附张先生歌诀，可见《拳经》亦非张氏原文也。"

《拳经》非孔昭原文，振常推测者甚是，然谓"孔昭之法，焕斗述之"，又谓《拳法备要》，"似全为曹作"，则皆未见国技学社出版《拳经》，故遂误断耳。

歙县方梦樵[①]云：鸣鹗其法，其乡里今尚流行。苟歙之拳家，能取三书重加编订，辅以新图，补其亡佚，既可使古人著述重明，又可一洗晦涩难读之病，更可为拳家参考之资，一举而数善备，有志于斯者，盍起图之！

---

①方梦樵：民国初安徽歙县人，抗战前在上海经商，与唐豪为好友。方氏为歙县望族。